Schirner
Verlag

Georg Huber

Energetische
Hausreinigung

KRÄUTER UND ENGEL IM EINSATZ

Wir verzichten auf das Einschweißen unserer Bücher – **UNSERER UMWELT ZULIEBE!**

ISBN 978-3-8434-1440-1

Georg Huber:
Energetische Hausreinigung
Kräuter und Engel im Einsatz
© 2009, 2020 Schirner Verlag,
Darmstadt

Umschlag: Hülya Sözer, Schirner, unter Verwendung von Fotografien von Murat Karaçay, von einem Bild von Georg Huber sowie von # 667976077 (© NataLima) und # 1391580350 (© aniok), www.shutterstock.com
Layout: Hülya Sözer & Simone Fleck, Schirner
Lektorat: Katja Hiller, Bastian Rittinghaus & Sandra Woite, Schirner
Printed by: Ren Medien GmbH, Germany

www.schirner.com

Erweiterte Neuausgabe 2020 – 1. Auflage Oktober 2020

Inhalt

Vorwort zur Neuausgabe

Wir schreiben das Jahr 2020, und mein Buch »Energetische Hausreinigung« befindet sich nach der Ersterscheinung im Februar 2009 aktuell in der 19. Auflage. Ich hätte nicht für möglich gehalten, dass das Interesse an diesem Buch so groß ist. Anfangs dachte ich sogar, dass ich gar nicht dazu fähig wäre, ein Buch zu schreiben, und dass es vermutlich niemand lesen würde. Elf Jahre ist dies nun her, und viele Bücher sind seitdem entstanden. Der Schirner Verlag und vor allem ich möchten für dein Vertrauen und dein Interesse danken.

Nach so vielen Jahren war es nun an der Zeit, dass das Buch eine kleine Erweiterung erhält. Möge sie dir die energetischen Zusammenhänge noch besser verständlich machen und das Buch dir bei deiner Hausreinigung als Ratgeber zur Seite stehen.

Vielen Dank für den Erfolg dieses Buches.
Danke für dein Vertrauen.

Alles Liebe, Georg

Einleitung

Liebe Leserin, lieber Leser,

da du dieses Buch in deinen Händen hältst, bist du sicher auf der Suche nach einer Möglichkeit, dein Haus oder deine Wohnung energetisch zu reinigen. Auch wenn du vielleicht in einer Wohnung lebst und nicht in einem eigenen Haus, nutze ich in diesem Buch das Wort »Haus« als Beschreibung für die eigenen vier Wände. Natürlich gilt das Ritual, das ich dir vorstelle, auch für eine Wohnung oder andere Formen des Zuhauses.

Die Gründe für eine energetische Hausreinigung sind bei den meisten Menschen dieselben: Vielleicht bist du in ein neues Haus gezogen und möchtest es von den Energien der Vorbesitzer befreien. Oder du hast den Verdacht, dass in deinem Zuhause früher einmal jemand verstorben sein könnte. Vielleicht bist du durch eine tiefe Krise gegangen oder durch eine Phase der Krankheit, und du verspürst den Drang in dir, dein Haus von den alten, destruktiven Energien zu befreien.

In diesem Buch möchte ich dich auf eine kleine Reise in die Welt der energetischen Hausreinigung mitnehmen. Du wirst alles Wichtige erfahren, ganz praktisch, sodass du gleich selbst damit beginnen kannst, dein Zuhause zu reinigen und zu harmonisieren.

Ich werde dir verschiedene Komponenten zeigen, die du für eine energetische Hausreinigung verwenden kannst. Du wirst mit bestimmten Kräutern und Harzen räuchern sowie die verschiedenen Elemente kennenlernen und für deine Hausreinigung benutzen. Ich werde dir energetische Techniken beibringen und dir zeigen, wie du dein Bewusstsein für eine Hausreinigung einsetzen kannst. Denn ganz gleich, welche materiellen »Hilfsmittel« du für eine energetische Hausreinigung verwendest, der wichtigste Faktor bist du! Bitte vergiss das nie!

Bist du neugierig geworden?
Dann fangen wir an!

Vor wenigen Jahrzehnten war es noch verpönt, Yoga zu machen oder zu meditieren, doch heutzutage sind diese Interessen und Praktiken ganz selbstverständlich geworden. Die Welt hat sich gewandelt, weil die Menschen sich gewandelt haben. Es ist völlig natürlich, dass wir

Yoga machen und uns für Energien und Chakras interessieren. Wir lernen unsere Aura kennen, praktizieren Reiki oder Quantenheilung und beschäftigen uns mit alternativen Heilmethoden. Früher war Spiritualität etwas Geheimes, etwas Mystisches, heute ist es ganz normal, spirituelle Literatur zu lesen, die sich in fast allen Buchhandlungen findet.

Die spirituelle Welt ist ein Bestandteil unseres Lebens geworden, und wir haben erkannt, dass wir spirituelle Wesen sind – viel mehr noch, als wir einfach nur Menschen sind. Wir besuchen Seminare, wir lauschen den Worten der Meister und verspüren den Wunsch in uns, hinter den Schleier der Materie zu blicken. Wir agieren immer intuitiver und verlagern unsere Konzentration von unserem Versand zunehmend auf unser Herz und unser Bauchgefühl.

Weil wir uns mit den Fragen des Lebens beschäftigen und immer intuitiver werden, werden wir allerdings auch immer sensibler. Wir nehmen viel mehr wahr, wir reagieren viel schneller und empfindsamer auf Energien als früher.

Doch was ist Energie überhaupt?

Alles ist Energie

Wir alle bestehen aus Energie. Wir sind Energie, viel mehr, als wir Materie sind. Der Begriff »Energie« ist etwas schwammig, da er für alles Mögliche in unserer Welt genutzt wird: Strom ist Energie, Sonnenkraft ist Energie, Frequenzen sind Energien, Bewegung ist Energie, aber auch Reiki ist Energie und Gedanken sind Energien. Dies kann schon etwas verwirrend sein. Bei der energetischen Hausreinigung befreien wir unser Zuhause von alten und destruktiven Energien, wir nutzen also ebenfalls das Wort »Energie«.

Erlaube mir, dass ich dir erkläre, was ich mit dem Begriff »Energie« in Bezug auf die energetische Hausreinigung meine:

Dafür werde ich etwas weiter ausholen. Wir alle sind von etwas umgeben, was ich als »göttliche Ursubstanz« bezeichne. Diese göttliche Ursubstanz hat im Laufe der Zeit sehr viele Namen erhalten, z. B. Photonen, Schöpferkraft, Heiliger Geist und Quantenenergie, um nur wenige zu nennen. Sie ist überall und umgibt alles zu jeder Zeit. Es ist jene Kraft, jenes Bewusstsein, aus dem das Universum entstanden ist. So, wie eine Trommel einen Klang erzeugt, so erzeugt Gott die Ursubstanz und sendet sie aus. Aber der Klang ist nicht die Trommel, und die Ursubstanz ist nicht Gott.

Da wir ein Teil Gottes sind, sind wir auch Schöpfer, und wir sind immer mit dieser göttlichen Ursubstanz verbunden. Unsere Gedanken, unsere Worte und unsere Taten sind schöpferisch. Wenn du an etwas denkst oder etwas sagst, dann nutzt du automatisch deine schöpferische Kraft. Alles, was du denkst oder aussprichst, sind nicht nur leere Hüllen, sie sind erfüllt von der göttlichen Ursubstanz. In Gedanken und Worten steckt eine geistige Kraft, die erschafft. Dies ist der Grund, weshalb uns die Meister immer wieder darauf hingewiesen haben, dass unsere Gedanken und Worte schöpferisch sind.

Durch deine Gedanken, deine Worte, deine Gefühle und auch durch deine Taten erschaffst du Energie. Lasse mich dies so erklären: Ein Gedanke oder ein Gefühl ist eigentlich nur eine Information, ohne Leben, ohne Kraft. Doch da du ein Mensch und ein Teil Gottes bist, erschaffst du durch deine Gedanken, Gefühle, Worte und Taten nicht einfach nur eine Information, du hauchst ihr durch die göttliche Ursubstanz Leben ein.

Aber bitte sorge dich jetzt nicht – nicht jeder Gedanke wird zur Realität, genauso wenig, wie jedes Wort Realität wird. Die Kraft hinter den Gedanken und Worten ist meist nicht stark genug.

Lasse uns hierfür ein bildhaftes Beispiel finden: Manchmal sehen wir am Himmel zarte, dünne Wölkchen, die meist recht schnell wieder verschwinden. Sie sind in ihrer Natur schlicht nicht stark genug, um gegen den Wind und die Sonne zu bestehen. Diese feinen Wolken symbolisieren deine Gedanken, Worte und Taten, die nur wenig »energetische Aufladung« von dir erhalten haben. Dann gibt es aber auch Wolken, die anfangs zart sind, sich jedoch sammeln und immer größer und dicker werden. Diese dunklen und großen Wolken lösen sich meist nicht von allein auf, sie tun es erst dann, wenn sie sich in Form von Regen »entladen«.

Und so, wie ein Gedanke, ein Gefühl oder ein Wort einfach nur eine geringe Aufladung und Kraft haben kann, so kann es durch Wiederholungen, intensive Gefühle und Wünsche eine sehr große Kraft erhalten. Je häufiger ein Gedanke gedacht wird, je intensiver ein Gefühl, je gefestigter eine Handlung ist, desto größer ist auch deren energetische Aufladung. Die dünnen Wolken sind nur

Informationen, die relativ schnell wieder verpuffen. Die großen und dunklen Wolken allerdings sind erfüllt von deiner Schöpferkraft, von der göttlichen Ursubstanz, die du immer nutzt, ganz gleich, was du tust. Diese großen und dunklen Wolken sind Energiefelder geworden, da die Gedanken, Gefühle und Worte dahinter eine starke Aufladung hatten. Solche manifestierten und spürbaren Energien und Energiefelder, also Ansammlungen bzw. Verdichtungen von Energien, wollen wir bei einer energetischen Hausreinigung lösen.

> Wandlung geschieht durch
> Erkenntnis, durch Akzeptanz –
> nicht dadurch, dass wir etwas
> loswerden wollen oder
> verteufeln.

HINWEIS:

Auch wenn dies im Sprachgebrauch oft üblich ist, verwende ich die Bezeichnung »negative Energie« nicht, weil sie für mich nicht stimmig ist. Das Wort »negativ« ist eine zu starke Verurteilung und schadet meines Erachtens mehr, als es nutzt: Luft ist z. B. einfach nur Luft – sie ist nicht negativ, sondern riecht vielleicht nicht gut oder enthält wenig Sauerstoff.

Die Energie, die wir reinigen möchten, bezeichne ich als »dichte Energie« oder auch als »destruktive Energie«. Diese Energie ist tatsächlich dichter, grobstofflicher und schwingt niedriger als lichtvolle Energie. Sie als »negativ« zu bezeichnen, sorgt dafür, dass wir in eine Abwehrhaltung gehen, und diese Abwehrhaltung hindert uns daran, die dichten bzw. destruktiven Energien erlösen zu können.

Die Energien in einem Haus

Alles, was existiert, besteht bei genauerem Betrachten aus Energie. Ob die Mauern unseres Hauses oder die Holzstühle im Wohnzimmer, alles hat eine bestimmte energetische Struktur und ist nicht so fest, wie es uns unser Auge weismachen möchte. Ich nenne das natürliche Energiefeld, das jedes Objekt, jedes Material besitzt, »Grundenergie«.

Unser Haus und die Objekte in ihm speichern die Energien, die wir den ganzen Tag aussenden, denn es liegt in der Natur von Energiefeldern, sich gegenseitig zu beeinflussen. Die Wände des Hauses und alles, was sich in unserem Wohnumfeld befindet, nehmen also unsere Gedanken, unsere Gefühle und die Energie, die wir aussenden, auf. Ganz gleich, ob wir gerade traurig sind oder einen Streit haben, die Energien verschwinden nicht einfach, sondern verbinden sich mit der Grundenergie von allem, was uns umgibt.

Doch natürlich sind nicht nur wir es, die die Energien im Haus beeinflussen und bestimmen. Es gibt noch zahlreiche Einflüsse, die wir nicht außer Acht lassen sollten. Die Energie des Grundstücks kann z. B. Erinnerungen aus vergangenen Tagen gespeichert haben. Oder die Ener-

gie der Umgebung, z. B. die Emotionen der Nachbarn, wirken auf die Energie deines Zuhauses. Auch elektromagnetische Einflüsse gibt es, z. B. durch Störfelder oder Elektrosmog. Außerdem können sich geopathologische Belastungen, also Wasseradern oder Verwerfungen, destruktiv auf die Energie des Hauses auswirken. Es kann gut sein, dass vom Vorbesitzer ebenfalls einige Energiefelder vorhanden sind, die noch nicht erlöst wurden. Aber tatsächlich bist du es selbst, der oder die den größten Einfluss ausübt, schließlich verbringst du die meiste Zeit in deinem Haus.

Diese gespeicherten Energien, all diese Einflüsse, sind für viele spürbar. Sicher kennst du das: Manchmal betrittst du ein Gebäude oder einen Raum und hast ein unerklärliches ungutes Gefühl. Du fühlst dich nicht wohl, bist vielleicht nervös, bedrückt oder aufgeregt, oder du spürst eine tiefe Traurigkeit in dir. Häufig hast du dann den Impuls, diese Räume schnell wieder zu verlassen. Ganz sicher bist du auch einmal in einem Raum gewesen, in dem »dicke Luft« herrschte. Wenn du diese »dicke Luft« wahrnimmst oder ein ungutes Gefühl hast, sobald du einen Raum betrittst, dann liegt das daran, dass die vorhandene Energie mit deiner Aura kommuniziert und dich beeinflusst.

Du kannst dies praktisch ausprobieren, indem du deine Augen schließt, sobald du in einem Raum bist, oder sogar, bevor du einen Raum betrittst. Versuche, deinen Körper zu spüren, ihn ganz bewusst wahrzunehmen. Wie reagiert er auf die Energie im Raum? Du kannst dich und deine innere Stimme auch fragen, welche Energie dort am stärksten vertreten ist, und die Antwort empfangen. Je öfter du dich auf die Raumenergien konzentrierst, desto schneller und leichter wirst du die verschiedenen Energien spüren können.

Richte deine Aufmerksamkeit auf dein Zuhause. Was hast du dort schon alles erlebt? Sicherlich gab es Streitereien oder Krisen, die von starken Emotionen wie Wut, Frustration oder Trauer begleitet wurden. Weißt du etwas von der Vorgeschichte des Hauses? Wer hat vorher darin gewohnt? Es kann gut sein, dass die Energien der Vorbesitzer bzw. Vormieter noch vorhanden sind, auch wenn du sie während deines Alltags nicht bewusst wahrnehmen kannst.

Oft sind wir von unserem Alltag zu abgelenkt, um die Energien bewusst wahrzunehmen. Manche Menschen, die sich kaum mit spirituellen Themen beschäftigen oder sehr stark im Verstand verankert sind, scheinen sogar vollkommen unempfänglich für solche Einflüsse von außen zu sein.

Wenn wir die Entwicklung der letzten Jahre reflektieren, erkennen wir aber deutlich, dass wir alle sensibler werden. Diese Sensibilität sehen wir am stärksten bei Kindern. Sie spüren Energien sehr schnell, weil sie ihre sensible Seite noch nicht so stark unterdrücken wie Erwachsene. Wenn ein Raum energetisch stark belastet ist, halten sich Kinder dort ungern allein auf. Oder sie haben Albträume, wenn sie in solchen Räumen schlafen.

Woran merkst du, wo destruktive Energien herrschen?

Grundsätzlich ist es nie falsch, eine energetische Hausreinigung zu machen, selbst dann, wenn du nicht weißt, ob sie überhaupt nötig ist. Doch die meisten Menschen, die eine energetische Hausreinigung machen wollen und dieses Buch lesen, haben klare Beweggründe. Sie spüren einfach, dass eine ungute Energie im Haus ist, oder sie tragen den tiefen Wunsch in sich, ihr Zuhause von den alten Energien zu befreien. Doch wie erkennst du überhaupt, ob dein Haus energetisch belastet ist oder nicht? Destruktive Energien oder Energiefelder drücken sich immer unterschiedlich aus, doch es gibt Hinweise, die darauf schließen lassen, dass du von destruktiven Energien umgeben bist:

Es kann vorkommen, dass du in ein neues Haus ziehst, und von einem Tag auf den anderen (oder auch schleichend) verändert sich ein Mitbewohner, z. B. dein Ehepartner. Vielleicht war er vorher immer ausgeglichen, doch seit dem Umzug scheint er bei jeder Kleinigkeit auszurasten. Dann ist es möglich, dass vorher ein cho-

lerischer Mensch in dem Haus gewohnt hat und dein Partner in Resonanz mit den alten Energien geht.

Etwas anderes, was ebenfalls oft von Klienten beschrieben wird und was ich in all den Jahren beobachten konnte, ist ein allgemeines Gefühl des Unwohlseins. Die Bewohner fühlen sich nicht mehr wohl im Haus, und wenn sie von der Arbeit auf dem Heimweg sind, freuen sie sich gar nicht wirklich darauf, nach Hause zu kommen. Sie sind schwach und müde, es scheint, als wäre in ihrem Zuhause etwas, was ihnen die Energie nimmt.

Kinder reagieren leider am sensibelsten auf destruktive Energien. Meist zeigt sich dies durch eine besondere Anhänglichkeit, oder sie sind überzeugt, dass sie im Zimmer nicht allein sind. Auch neigen Kinder dazu, Albträume zu haben oder sogar aus dem Bett zu fallen, wenn besonders destruktive Energien im Haus vorherrschen.

Ein weiterer Hinweis ist, dass sich die eigenen Gefühle ändern können und du z. B. Ängste entwickelst, die du vorher nicht hattest. Auch hier lohnt es sich, einen Blick in die Hausenergie zu werfen und eine energetische Hausreinigung durchzuführen.

Welche Energien sind in deinem Haus vorhanden?

Lasse uns eine kleine Reise in deinem Haus machen, sodass du wahrnehmen kannst, wie es dort energetisch aussieht. Für diese Übung solltest du dir eine halbe Stunde Zeit nehmen und auch dafür sorgen, dass dich niemand stört. Schalte dein Telefon aus, und stelle die Klingel ab.

Setze dich an einen Platz, den du vielleicht schon zum Meditieren verwendest, oder mache es dir auf der Couch gemütlich. Du kannst auch liegen, aber tatsächlich ist es einfacher, fokussiert zu sein, wenn du aufrecht sitzt. Wenn es dir bei deiner geistigen Reise hilft, kannst du eine sanfte Hintergrundmusik laufen lassen, oder du räucherst ein wenig, um dich einzustimmen. Was auch immer gut für dich ist, um dich in einen meditativen Zustand zu bringen, ist erlaubt und erwünscht.

Nutze die ersten Minuten, um deinen Atem zu beobachten. Er fließt in dich herein und wieder aus dir hinaus, ganz ohne deine Kontrolle. Wenn du dich auf deine Atmung konzentrierst, wirst du automatisch ruhiger. Du kannst deinen Atem auch nutzen, um störende Gedanken und Gefühle oder auch die Unruhe aus dir hinauszuatmen.

Wenn du mit deiner Aufmerksamkeit eine Weile bei deinem Atem warst, spüre bewusst einmal in einen Körperteil hinein, vielleicht in deinen rechten Zeh? Spüre in deinen rechten Zeh … und, hast du es bemerkt? Du hast für einen Moment aufgehört, zu denken.

TIPP:

Wenn ich zu sehr abgelenkt bin oder noch zu viele Gedanken im Kopf habe, verschließe ich mit meinen Fingern die Ohren, indem ich die Ohrklappe, den Knorpel vor dem Gehörgang, auf das Ohr drücke. Auf dieser kleinen Klappe befinden sich drei Akupunkturpunkte, die tatsächlich dafür sorgen, dass das Gedankenkarussell anhält und wir ruhiger werden. Probiere es ruhig einmal aus!

> Durch die Konzentration auf unseren Atem oder auch auf unseren Körper wird der Geist frei!

Die Reise beginnt …

Die praktische Erfahrung, auch bei einer energetischen Hausreinigung, ist sehr wichtig. Lasse uns deswegen nun mit der Übung beginnen. Durch sie kannst du dir einen kleinen Überblick darüber verschaffen, wie der energetische Zustand deines Hauses ist und ob es Bereiche gibt, in denen energetische Blockaden oder Störungen vorhanden sind. Da wir Menschen alle verschieden sind, auch wenn wir aus derselben Quelle stammen, gibt es hier zwei Möglichkeiten, die Reise durch dein Haus durchzuführen.

Variante 1: Real im Raum sein

Bei der ersten Variante gehst du ganz real in deinem Haus herum und spürst in die verschiedenen Räume hinein. Du solltest jede Reise am besten ganz unten beginnen, z. B. im Keller, und dich nach oben arbeiten. Beginne in deinen Wohnräumen bei dem Zimmer, das der Eingangstür am nächsten ist.

Stelle dich in den ersten Raum, und öffne deine Arme und dein Herz. Nutze deine Arme als Antenne, strecke sie aus, und fühle die Energien um dich herum. Gehe langsam durch den Raum, und achte darauf, ob sich etwas in deinem Empfinden ändert. Spüre in deinen

Körper hinein. Vielleicht nimmst du einen Druck in dir wahr, oder dein Kopf beginnt zu brummen. Vielleicht wird dir warm, oder deine Füße oder deine Hände kribbeln. Dies sind Zeichen dafür, dass sich die Energien gerade geändert haben. Wenn du eine solche energetische Veränderung bemerkst, bleibe an der Stelle stehen, setze dich ruhig hin, und atme einmal sanft, aber tief ein und aus.

Erlaube dir, dich ganz auf das Energiefeld einzulassen, öffne dich, und bitte die Energie, sich zu zeigen. Das klingt vermutlich etwas merkwürdig, aber sprich ruhig mit dem Energiefeld, denn es wird dir antworten. Du kannst auch deine geistige Führung oder deinen Schutzengel bitten, dir dabei zu helfen, das Energiefeld klarer wahrzunehmen. Bleibe einfach still sitzen, und achte darauf, ob Bilder vor deinem inneren Auge auftauchen. Vielleicht sind es Bilder vergangener Situationen, die sich in diesem Raum ereignet haben. Oder du spürst auf einmal Traurigkeit oder Wut. Du darfst dich darauf einlassen, denn es kann dir nichts passieren. Öffne dich, und erlaube dir, alles zu sehen oder zu fühlen. Versuche aber nicht krampfhaft, etwas wahrzunehmen. Wenn du nach fünf Minuten keinen Impuls erhältst, gehe wieder

aus dem Energiefeld hinaus, und mache in einem anderen Raum weiter.

So gehst du in jedem Raum vor. Überall dort, wo du eine veränderte Energie spürst, verweilst du und erlaubst dir, die Energien wahrzunehmen.

Variante 2: Geistig im Raum sein

Eine weitere Möglichkeit, die Energien im Haus kennenzulernen, ist, die Räume geistig zu besuchen. Tatsächlich gibt es Menschen, die, wenn sie sich wirklich in einem Raum befinden, die vorherrschenden Energien nicht wahrnehmen können. Wenn diese Menschen den Raum allerdings geistig besuchen, sich also »nur« vorstellen, in dem Raum zu sein, oder ihr Bewusstsein in diesen Raum ausdehnen, dann nehmen sie die Energien plötzlich wahr. Wenn dies auch auf dich zutreffen sollte, dann reise geistig in deine Räume:

Setze dich an einen ruhigen Platz, an einen Ort, an dem du z. B. regelmäßig meditierst. Möglicherweise hast du auch irgendwo in deinem Haus einen Altar aufgebaut, oder es gibt eine gemütliche Ecke, in der du gern entspannst. Nimm dir ein paar Minuten Zeit, dich zu fokussieren und störende Gedanken und Gefühle aus dir hinauszuatmen. Wenn du konzentriert und klar bist, stelle dir jeden Raum deines Hauses vor. Wenn du möchtest, kannst du dir auch ausmalen, dass du in dem jeweiligen Raum stehst. Probiere aus, was für dich am besten funktioniert.

Erlaube dir, die destruktiven Energien im Raum zu sehen. Vielleicht ändert sich deine Wahrnehmung, und dir wird kalt oder du siehst Farben in dem Raum, die darauf hindeuten, dass dort ein Energiefeld ist, das belastend auf dich wirkt. Richte deine Aufmerksamkeit auf dieses Energiefeld, tauche darin ein. Vielleicht siehst du Bilder in dir oder du spürst eine bestimmte Emotion. Wenn du etwas wahrgenommen hast, ziehe dich geistig aus dem Energiefeld zurück, und besuche den nächsten Raum. Es kann auch sein, dass mehrere Energiefelder sichtbar werden. Gehe in dem Fall mit deiner Aufmerksamkeit einfach in das nächste Energiefeld.

Gerade wenn deine medialen Antennen etwas eingerostet sind, braucht es ein wenig Übung, bis du die verschiedenen Energiefelder wahrnehmen und auch unterscheiden kannst. Am Anfang spürst du vielleicht »nur«, dass da etwas ist oder dass die Energie an einer Stelle anders ist. Das reicht auch vollkommen aus, um eine energetische Hausreinigung durchzuführen. Wenn du deine Antennen öfter benutzt, werden die inneren Impulse und deine Wahrnehmung immer intensiver und klarer. Mit etwas Übung wirst du besser mit den Energiefeldern kommunizieren können und erfahren, welche Energien in den Räumen vorhanden sind. Ebenfalls wirst du, abhängig von deiner medialen Sensitivität, nach einer gewissen Zeit wissen, was zu tun ist, um die Energien zu wandeln. Merke dir: Die medialen Sinne sind wie Muskeln, je öfter du sie trainierst, desto stärker werden sie!

Die Wirkung der energetischen Hausreinigung

Durch die Übungen im vorherigen Kapitel hast du hoffentlich einen ersten Eindruck davon erhalten, welche Energien sich bei dir zu Hause befinden. Vielleicht hast du in manchen Räumen eine kalte Energie wahrgenommen, oder du hast dich unwohl gefühlt. Es kann auch sein, dass du bestimmte Emotionen in deinem Haus gefühlt hast, die du nun erlösen möchtest.

Genau darum geht es: Wir wollen vorherrschende Energiefelder erlösen oder wandeln. Vereinfacht ausgedrückt, geschieht dies dadurch, dass wir eine höher schwingende Energie erschaffen, die die niedrig schwingende Energie, also die destruktive Energie, erlöst. Da es in der Natur von Energiefeldern liegt, sich gegenseitig zu beeinflussen, können zwei solch gegensätzliche Energien nicht gleichzeitig existieren. Diesen Effekt machen wir uns zunutze.

Das Ziel der energetischen Hausreinigung ist es also, die destruktiven Energien durch eine höher schwingende Energie zu wandeln. Es gibt viele Möglichkeiten, diese Kraft zu erzeugen, und ich werde dir gleich ein paar Methoden vorstellen.

Doch vorab bitte ich dich, eines zu berücksichtigen: Das wichtigste Element bei einer energetischen Hausreinigung bist du selbst. Es ist dein Bewusstsein, deine Ausrichtung und deine Energie, die über den Erfolg einer energetischen Hausreinigung entscheiden. All die Methoden und Techniken werden dir nur bedingt helfen können, wenn du die Reinigung nicht mit klarem Geist und Bewusstsein durchführst!

Hier gebe ich dir ein Beispiel, das ich gern verwende:

Stelle dir vor, dass wir in der Zeit über 2 000 Jahre zurückgehen und mit Jesus Christus und seinen Jüngern reisen. Jesus erklärt gerade die Zusammenhänge der Natur, als aus einem nahe gelegenen Dorf eine Frau auf uns zugerannt kommt. Sie wirft sich vor ihm auf den Boden und fleht ihn an, ihr und den anderen Dorfbewohnern zu helfen. Vor vier Wochen sei das Dorf von Plünderern überfallen worden, die das letzte Hab und Gut der Bewohner gestohlen hätten. Diese Plünderer hätten auch ihre Gebetsstätte zerstört und sich an den Frauen vergriffen. Die Bewohner hätten zwar das Dorf wieder aufgebaut, und alles gehe seinen geregelten Gang, doch seitdem die Plünderer im Dorf waren, geschähen täglich Unglücke, und die Menschen würden häufiger krank werden. Unter den Plünderern sei auch ein unheimlich aussehender Magier gewesen, der das Dorf verflucht habe. »Bitte, Meister, nimm diesen Fluch von uns!«, fleht die Frau, die immer noch mit den Knien auf dem sandigen Boden verharrt und bittere Tränen weint.

Was meinst du, hat Jesus getan? Sicher hat er nicht das Dorf ausgeräuchert oder ist mit einer Trommel durch die Räume der Häuser gegangen. Wozu sollte er auch? Er war das Licht, und alle Energien, die ihn berührten, konnten nur Licht werden. Er veränderte durch seine bloße Anwesenheit im Dorf die dort vorherrschende Energie – so groß war seine Kraft.

Mit diesem Beispiel möchte ich weder das Räuchern noch das Trommeln kleinreden. Ich möchte dich daran erinnern, dass eine energetische Hausreinigung kein Mysterium ist. Es geht »nur« darum, eine höhere Energie zu erzeugen als jene, die gerade vorherrscht. Es gab und wird immer Menschen geben, deren energetische Ausstrahlung, deren Liebe so groß ist, dass jedes destruktive Energiefeld sofort gewandelt wird. Wir »normalen« Menschen können diese große Kraft nicht so einfach erzeugen, doch das brauchen wir auch nicht. Denn wir können Hilfsmittel nutzen! Diese Hilfsmittel und Methoden stelle ich dir jetzt vor.

Die Methoden der energetischen Hausreinigung

Bei einer energetischen Hausreinigung gibt es viele verschiedene Möglichkeiten, die Kraft zu erzeugen, die für die Wandlung von Energien notwendig ist. Ich möchte dir gern ein paar Methoden empfehlen. Dazu gehört natürlich das Räuchern, das ein wichtiger Bestandteil der energetischen Hausreinigung ist. Doch auch die Arbeit mit den Elementen oder energetischen Techniken wie der Lichtsäule können bei einer energetischen Hausreinigung genutzt werden, sie sollten es sogar. Bitte ergänze diese Methoden mit deinen eigenen. Wir alle haben bestimmte Begabungen und Vorlieben. Vielleicht spielst du ein Musikinstrument, und du möchtest es bei der energetischen Hausreinigung einsetzen? Oder du bist in Feng-Shui ausgebildet oder praktizierst Reiki? Alles, was einen Einfluss auf die Energie des Hauses hat, kann bei einer energetischen Reinigung verwendet werden. Traue dich!

Das Räuchern

Das Räuchern von Pflanzen und Harzen ist eine uralte Tradition, die vermutlich ihren Anfang nahm, als die Menschen begannen, das Feuer zu nutzen. Beim Räuchern lösen wir die Pflanzenenergie und ihre Kraft und geben diese durch den Rauch in den Raum ab. Die Natur birgt unzählige Heilpflanzen, die scheinbar nur dafür erschaffen wurden, zu heilen und zu reinigen. Ich selbst verwende seit mittlerweile fünfzehn Jahren »meine« Räuchermischung zur energetischen Hausreinigung, deren Hauptbestandteil weißer Salbei ist. Der weiße Salbei hat die stärkste reinigende Kraft unter den Kräutern.

Weitere Bestandteile sind weißer Copal, Zedernspitzen, Angelikawurzel und Sweetgrass.

Wenn ich das Gefühl habe, dass ich einen Teil der Mischung weglassen kann oder vielleicht mit einer anderen Zutat räuchern muss, dann tue ich das. Und du kannst natürlich auch andere Kräuter ausprobieren. Gerade wenn du lieber mit heimischen Kräutern räucherst oder einen Garten hast, wirst du möglicherweise das Bedürfnis haben, Salbei, Rosmarin oder Thymian zu verwenden. Diese und auch viele andere Kräuter haben eine reinigende Wirkung. Lasse dich von deinem Gefühl leiten – es gibt keine festen Regeln.

Eine kleine Erklärung der wichtigsten Kräuter und Harze

Weißer Salbei

Weißer Salbei ist die am stärksten reinigende Pflanze und wird von vielen Indianerstämmen bei Ritualen verwendet. Auch hierzulande ist der weiße Salbei sehr bekannt und wird häufig bei der energetischen Reinigung genutzt.

Zedernspitzen

Manche Indianerstämme verwenden Zedernspitzen als Ergänzung zum weißen Salbei. Die Zeder vereint alle Elemente in sich und wirkt heilend, zentrierend und stark reinigend. Bäume, auch solche, die in heimischen Wäldern wachsen, wie Tanne, Fichte, Zeder oder Wacholder, haben immer stärkende und reinigende Energien.

Weißer Copal

Copal bedeutet »Harz«, und es gibt Hunderte verschiedene Arten. Der weiße Copal, den ich benutze, kommt aus einer bestimmten Region in Mexiko und ist, besonders wenn er frisch ist, tatsächlich weißlich-durchsichtig. Im Handel heißt er meist »weißer Copal«, »Copal blanco« oder »Protium copal«. Der weiße Copal wird für viele spirituelle Rituale verwendet. Er reinigt sehr stark und unterstützt die spirituelle und geistige Arbeit.

Angelikawurzel

Diese Pflanze wird auch »Engelwurz« genannt. Sie soll von Erzengel Raphael auf die Erde gebracht worden sein. Sie ist eine starke Schutzpflanze und wird gegen schwarze Magie eingesetzt. Die Angelikawurzel füllt den Raum mit lichten Energien und erhellt ihn.

Sweetgrass

Sweetgrass wird ebenfalls von vielen Indianern verwendet. Die Pflanze dient der Reinigung und hilft, Harmonie und Licht in einen Raum zu bringen. Das Sweetgrass wird meist zu einem Zopf gebunden, denn es symbolisiert die Haare von Großmutter Erde. Es hat einen sehr angenehmen, süßlichen Duft, der die Räuchermischung verfeinert.

Meine Räuchermischung »Energetische Hausreinigung« ist über den Jeomra-Shop, über den Schirner-Versandkatalog und über den Schirner-Onlineshop erhältlich.

Wenn du den Wunsch hast, selbst eine Räuchermischung zusammenzustellen, oder wenn du Pflanzen aus deinem Garten nutzen möchtest, ist das eine gute Idee. Vielleicht pflanzt du Thymian, heimischen Salbei oder Rosmarin an – sie alle haben reinigende Wirkungen. Auch im Obstgarten kannst du fündig werden: Wacholderbeeren eignen sich hervorragend als Mischung mit den Gartenkräutern und wirken ebenfalls reinigend. In heimischen Wäldern findest du Harze, die aus Fichten, Tannen und Kiefern herausfließen. Auch diese kannst du verwenden, wenn sie getrocknet sind. Die Natur ist reich an Geschenken.

TIPP:

Viele Menschen nutzen Weihrauch zur energetischen Hausreinigung, ich selbst kann das aber nicht empfehlen. Ich liebe Weihrauch, und es gibt vermutlich nur wenige Menschen, die mit diesem Baum so stark verbunden sind wie ich. Ich importiere viele Weihrauchsorten, die vollkommen unbekannt sind. Doch für eine Hausreinigung nutze ich das Harz nicht, denn seine energetischen Kräfte sind das Verbinden und das Öffnen. Weihrauch segnet, entspannt und verbindet uns mit dem Göttlichen und mit unserem Herzen. Für eine Reinigung sollte man zu Pflanzen greifen, die auch wirklich reinigend wirken. Doch es ist durchaus eine gute Idee, nach einer energetischen Reinigung noch mit Weihrauch zu räuchern. Das bringt gesegnete Energien ins gereinigte Haus.

Die vier Elemente

Geweihte Kerze – Element Feuer

Das Element Feuer ist das faszinierendste und unkontrollierbarste Element. Seit jeher sind die Menschen vom Feuer begeistert. Es birgt eine ungeheure Kraft in sich, eine Kraft, die du für die Reinigung brauchst. Es gibt kein Element, das eine stärkere Fähigkeit zur Transformierung besitzt.

Die Kerze steht für das Element Feuer und hilft dabei, die Dunkelheit zu vertreiben oder dichte Energien zu verbrennen. Wenn du in einen dunklen Raum kommst und das Licht anmachst oder eine Kerze entzündest, passiert etwas ganz Einfaches: Die Dunkelheit muss weichen. Diesen Effekt nutzt du auch für das Reinigungsritual. Bitte die Kerze darum, mithilfe des Feuers den Raum von allen belastenden Energien zu befreien und ihn mit Licht zu erfüllen. Durch diese Verbindung mit der Kerze kommt es auch gleichzeitig zu ihrer Weihung. Mit deiner Absicht erschaffst du ein energetisches Feld. Es durchdringt die Kerze, sodass sie genau die Information aussendet, die du ihr gegeben hast.

Du kannst der Kerze mehr Kraft verleihen, indem du sie beim Weihen mit einem Öl einreibst. Dafür eignet sich Weihrauchöl oder auch Pfefferminz-, Salbei- oder Zedernöl. Auch wenn du eine Engelssigille in die Kerze ritzt oder die Namen der Lichtwesen, die dich bei der Reinigung unterstützen sollen, verstärkst du die Kraft des Feuers.

Geweihtes Salz – Element Erde

Das Element Erde ist das ruhigste unter den Elementen. Seine Kraft und seine Stabilität benötigen die Menschen für ihre Harmonie. Das Element Erde reinigt natürlich auch, aber dieser Prozess geschieht langsamer und sanfter als bei den anderen Elementen. Schritt für Schritt zieht die Erde Energien an, reinigt sie und gibt gereinigte, nährende Energie zurück.

Das Salz symbolisiert diese Kraft des Elements Erde. Du kennst das sicherlich von Salzbädern oder dem Salzstreuen im Winter: Salz absorbiert, es zieht Energie an. Aus diesem Grund ist das Salz für das Reinigungsritual wertvoll. Ich benutze gern geweihtes Salz, also Salz, das ich darum gebeten habe, dass es die belastenden Energien und Emotionen in den Wänden anzieht und aufnimmt. Wenn dies deine Absicht ist und du wirklich daran glaubst, wird es auch geschehen. Sprich mit dem Salz, und segne es.

Geweihtes Wasser – Element Wasser

Das Element Wasser reinigt und harmonisiert am stärksten. Ohne Wasser ist Leben auf unserem Planeten undenkbar. Da der menschliche Körper zum größten Teil aus Wasser besteht, müssen wir ständig dafür sorgen, dass unser Wasserhaushalt ausgeglichen ist. Wasser ist ein Element, das immer in Bewegung ist.

Die beeindruckenden Bilder von Masaru Emoto zeigten erstmals, dass Wasser Informationen speichert und überträgt. Du kannst darauf die Veränderungen der Wassermoleküle sehen, wenn das Wasser mit bestimmten Impulsen aufgeladen wurde. Somit hast du eine ein-

fache Möglichkeit, das Wasser für die Reinigung zu weihen: Gib ihm die Information, die du für deine Reinigung brauchst. Du kannst es direkt machen, indem du das Wasser in einem Gefäß in deinen Händen hältst und zu ihm sprichst. Oder du stellst das Wasser auf ein Stück Papier, auf dem die Information steht, die du übertragen willst. Welche Information das Wasser bekommen soll, liegt ganz bei dir. Es kann »Reinigung«, »Transformation«, »Licht« oder auch »Heilung« sein. Für das Reinigungsritual reicht es aus, das Wasser zu segnen oder von geistigen Wesen segnen zu lassen.

Wenn ich bei einer Reinigung Wasser versprenge, fühlt es sich an, als würde das Wasser die Energien lockern. Besonders wenn ich die Energie eines Raumes einmal nicht spüre, benutze ich Wasser und verteile es im Raum. Dadurch werden die Energien spürbar. Probiere es einmal aus, vielleicht empfindest du dasselbe.

Rauch – Element Luft

Das Element Luft ist das lebendigste unter den vier Elementen. Luft ist ständig in Bewegung, und sie kommt mit allem in Berührung. Sie bringt immer Veränderungen mit sich, da sie Energien bindet und fortträgt. Für mich gibt es kaum etwas Schöneres, als mich mit offenen Armen in den Wind zu stellen. Der Kraft des Windes muss alles weichen, alles wird zur Bewegung gezwungen. Diese Kraft machst du dir bei der Räucherung zunutze: Der Rauch, der beim Verbrennen der Kräuter entsteht, verbindet sich mit den Energien im Raum und wird anschließend durch das Lüften der Räume hinausgetragen.

Alle Elemente sind miteinander verbunden, sie sind abhängig voneinander, und sie kontrollieren sich gegenseitig. Feuer braucht Luft, damit es brennen kann und damit Rauch entsteht. Die Grundlage des Feuers ist die Erde, ohne sie hat das Feuer keine Nahrung. Das Feuer hinterlässt Erde. Das Zusammenspiel von Wasser und Erde lässt Leben entstehen.

Die gesamte Schöpfung besteht aus diesen Elementen und kann ohne sie nicht existieren. Bei der Reinigung ehrst du die Elemente und benutzt ihre Kraft zur Transformation und Erneuerung der Energien.

Der Klang

Energie ist Schwingung, und Schwingung ist Energie. Auch das Universum ist von Schwingung umgeben – und es ist selbst Schwingung. In vielen Kulturen wird angenommen, dass der Klang der Ursprung allen Seins sei. In den alten indischen Schriften finden wir den Urlaut »OM«, der alles erschaffen haben soll. Da wir Schwingung sind, reagieren wir auch auf Schwingung von außen; wir erfahren sie im Positiven, aber auch im Negativen. Seit Jahren gibt es Diskussionen um mögliche Schäden durch Elektrosmog und Funk- und Handy-wellen. Wir haben Schwingungen erschaffen, die unser Leben erleichtern sollten, und merken nun, dass sie uns schaden. Aber Schwingung ist auch ein Instrument der Heilung. Jede Zelle in unserem Körper hat ein bestimmtes Schwingungsverhalten. Zellen, deren natürliches Schwingungsmuster gestört wird, werden krank. Da Zellen auf Schwingungen reagieren, bedeutet das auch, dass wir ihre Schwingung erhöhen und harmonisieren können. Dies geschieht z. B. durch den Klang.

Wenn wir nicht mehr im Ein-Klang sind, können wir diesen Zustand mithilfe von Tönen erreichen. Jeder, der einmal eine Klangmassage erhalten oder auch getrommelt hat, kennt die Wirkung des Klangs. Wir fühlen uns gereinigt und vitalisiert. Dieses Prinzip findet Anwendung, wenn ein Haus mit Klängen harmonisiert wird. Die Schwingungen der Klangschale oder der Trommel überlagern die Schwingungen des Hauses und harmonisieren sie auf diese Weise. Für die energetische Hausreinigung können wir verschiedene Klangelemente nutzen.

Zum einen gibt es die Klangschale, die manchmal tiefe und ein anderes Mal hohe Töne erzeugt, je nach ihrer Bauart. Eine Klangschale harmonisiert und beruhigt Energiefelder. Vor allem bei Energien von Unruhe und Ängsten wirkt sie sehr gut.

Ein weiteres Klanginstrument ist die Trommel. Die lauten, rhythmischen und tiefen Klänge wirken besonders erdend, dies hilft ebenfalls bei Energiefeldern, die durch Ängste und Gedanken erzeugt worden sind.

Der scharfe Klang der Rassel wirkt vor allem reinigend auf Energiefelder, die stark von Emotionen wie Trauer oder Sorgen geprägt sind.

Probiere dich ruhig aus, vielleicht hast du weitere Klanginstrumente zu Hause, z. B. eine Zimbel oder eine Flöte. Spiele dein Instrument, spüre, wie es in dir wirkt. Du kannst davon ausgehen, dass es denselben Effekt auf die Energie des Hauses hat wie auch auf dich.

Die Violette Flamme

Viele, die das erste Mal von der Violetten Flamme und ihrer Wirkung hören, sind etwas skeptisch. Sie glauben nicht daran, dass sie einen gewissen Saint Germain rufen können, der mit seiner Violetten Flamme alte Muster und Energien reinigt und auflöst. Oder sie zweifeln daran, dass es Lichtwesen überhaupt gibt.

Wir alle haben alte Prinzipien verinnerlicht: »Gute Medizin muss widerlich schmecken, damit sie hilft« oder »Es dauert sehr lange, alte Muster zu heilen.« Das war früher so, doch die Energie der Erde und das Bewusstsein der Menschen haben sich stark gewandelt. Wir müssen alte Muster nicht jahrelang mit uns herumtragen, es darf auch einfach sein.

Saint Germain ist ein Aufgestiegener Meister. In seiner letzten Inkarnation hat er die Göttlichkeit erfahren und wirkt seitdem auf geistiger Ebene. Sein Werkzeug, seine Energie, ist die Violette Flamme. Wenn es alte Muster gibt, Energien oder Emotionen, die uns nicht mehr hilfreich sind, können wir Saint Germain und die Violette Flamme rufen. Soweit wir und unsere Reife es zulassen, wird er sich der Energien annehmen und sie transformieren. Alle Aufgestiegenen Meister oder Lichtwesen achten unser höchstes Wohl und unseren Willen. Das bedeutet auch, dass wir manchmal Situationen erschaffen haben, die wir aus freien Stücken meistern wollen. Wenn es einmal ein altes Muster gibt, das sich nicht in der Violetten Flamme auflöst, liegt das vielleicht daran, dass wir dieses Muster erfahren und uns aus ihm heraus entwickeln wollen. Wir wissen, welche Kraft daraus entsteht, wenn wir uns dieses Musters bewusst geworden sind und es aufgelöst haben.

Die Violette Flamme ist für die energetische Reinigung ein wichtiges, schnelles und zuverlässiges Werkzeug. Nimm dir einen Moment Zeit, komme zur Ruhe, und rufe Saint Germain und die Violette Flamme. Es ist nicht notwendig, einen bestimmten Satz auszusprechen. Alles geschieht ohnehin aus deiner Absicht heraus. Du unterstützt diesen Prozess, wenn du dir die Violette Flamme vorstellst. Das empfiehlt sich immer, wenn sich das Sehen oder das Fühlen noch nicht eingestellt haben. Wenn du dies häufiger gemacht hast, brauchst du die Vorstellungskraft nicht mehr. Du siehst oder spürst dann die Violette Flamme und vertraust der Transformation. Hülle dein Haus mit der Violetten Flamme ein, lasse die violetten Strahlen in jede Ecke dringen, und bitte darum, dass Saint Germain so lange wie nötig wirkt.

Die Lichtsäule

Ein weiteres wirksames Hilfsmittel zur energetischen Reinigung ist die Lichtsäule. Sie zieht die dunklen Energien im Raum an und hilft Seelen, die das Licht noch nicht angenommen oder gefunden haben, in die Einheit Gottes zurückzukehren. Wenn du den Verdacht hast, es könnte sich noch eine Seele eines Verstorbenen in deinem Zuhause befinden, solltest du ihr mit der Lichtsäule eine Möglichkeit schenken, nach Hause zu kommen. Alles, was du über Verstorbene, deren Erdgebundenheit und Erlösung wissen musst, erfährst du in einem späteren Kapitel (siehe Seite 96).

Komme in die Stille, und bitte die Engel, eine Lichtsäule zu errichten. Wenn du die Lichtsäule selbst errichten möchtest, stelle dir vor, dass eine riesige Säule aus Licht durch dein Haus verläuft und Himmel und Erde miteinander verbindet. Baue die Lichtsäule in der Mitte des Hauses auf – eine einzige reicht völlig aus. Du kannst dir auch eine sich drehende, spiralförmige Säule (ähnlich einem Tornado) vorstellen, die die dichten Energien anzieht und in den Kosmos befördert. Visualisiere die Lichtsäule mit deiner ganzen Konzentration. Spüre, wie das mächtige Licht knistert, wie die Energien sanft angezogen und durch die Lichtsäule verwandelt werden.

Wenn du das Gefühl hast, in die Lichtsäule eintreten zu wollen, dann tue es. Lasse die Energie durch dich hindurchfließen. Alle Energien in dir, die mitgenommen werden dürfen, lösen sich im Licht auf. Die Lichtsäule ist Erzengel Michael zugeordnet, weil er die Seelen ins Licht begleitet. Rufe ihn, wenn du mit der Lichtsäule Hilfe brauchst.

Obwohl die Lichtsäule auch zur Reinigung der Energien benutzt wird, gibt es wichtige Unterschiede zur Violetten Flamme. Es ist wichtig, beide anzuwenden. Die Violette Flamme ist eine Art Universalreinigungsmittel. Sie transformiert einfach alle Energien. Nutze sie nach einem Streit, bei schlechten Gefühlen oder bei schwierigen Gedankenmustern. Sie wandelt Energie in Licht um. Bei dieser Transformation entsteht eine neue Energie, denn Energie kann nicht aufgelöst werden, sie kann nur aufgenommen oder verwandelt werden.

Die Lichtsäule hingegen dient dazu, Seelenanteile oder Verstorbene ins Licht zu führen. Sie stellt eine direkte Verbindung zu den Lichtwelten her und kann Energien in den Kosmos befördern. Natürlich funktioniert dies auch in die andere Richtung. Da die Lichtsäule dich mit den Lichtwelten verbindet, kannst du auch Energie erhalten. Sie bietet ebenfalls Schutz. Das Licht ist so machtvoll, dass alles in ihr Stehende vor den Energien geschützt ist, die nicht im Licht sind und ihm nicht dienen.

Energiesymbole

Ein Symbol ist ein Sinnbild. Wir können ein Symbol auch als eine Information in komprimierter Form bezeichnen. Symbole gibt es seit Menschengedenken, und wir nutzen sie ständig in unserem Alltag. In einem Symbol steckt immer eine Kraft, die sich in seiner Form offenbart. Denke z. B. an ein gemaltes Herz. Dieses Symbol wird von jedem Menschen als Ausdruck für Liebe verstanden. Symbole werden aber auch in den Religionen verwendet. So steht das ursprüngliche, balkengleiche Kreuz für die Verbindung von Himmel und Erde und von Männlich und Weiblich. Eines der ältesten magischen Symbole ist das Pentagramm. Seine fünf Ecken symbolisieren die vier Elemente und den allumfassenden Geist. Es steht für die Harmonie, die Einheit mit dem Kosmos und die Meisterung der Elemente und gehört zu den machtvollsten Schutzsymbolen.

Da sich das Bewusstsein der Menschen gewandelt hat, haben wir auch die Möglichkeit erhalten, auf vergessene, uralte, kosmische Symbole zurückzugreifen. Jede alte Kultur, z. B. die der Inkas, der Atlanter oder der Lemurier, benutzte Symbole zur Erweiterung ihrer Kraft und zur Heilung.* Einige dieser Symbole wurden uns in den letzten Jahren wieder übermittelt, sodass wir sie für unser Wachstum nutzen können. Auch werden ständig neue Symbole erschaffen und uns übergeben. Nicht alle sind brauchbar, doch viele sind sehr machtvoll, und wir können sie gut für uns nutzen. Es gibt zahlreiche Symbole, die dabei helfen, das Haus zu reinigen und energetisch zu stärken. Welches du benutzt, ist dir und deinem Gefühl überlassen. Wer bereits mit Reiki gearbeitet hat, kann z. B. das Kraftsymbol Cho-Ku-Rei nutzen. Ein ebenso machtvolles Symbol für die Hausreinigung ist das balkengleiche Kreuz. Es schützt vor Energien von außen. Zeichne das Symbol einfach geistig an die Wände. Du kannst auch das Pentagramm nutzen. Zeichne es ohne Unterbrechung in deiner Vorstellung an die Wände oder an die Tür. An der Tür soll es dem Bösen den Eintritt verwehren. Wenn es ein anderes Symbol gibt, das dir gefällt und das du mit »Kraft« verbindest, so kannst du auch dieses für deine Reinigung nutzen.

---

* Kosmische Symbole zum Ausdrucken findest du auf der Internetseite www.paranormal.de. Gute Bücher zur Arbeit mit Symbolen veröffentlicht Dr. Diethard Stelzl.

Energiesprays

Energiesprays sind energetisch aufgeladene Flüssigkeiten, die in jedem spirituellen Fachgeschäft erhältlich sind. Die bekanntesten Energiesprays sind die Lichtwesen-Essenzen oder die Sprays von Aura-Soma, aber du kannst Energiesprays auch selbst herstellen. Es wird dir viel Freude machen und dir dabei helfen, deine Fähigkeit zu entwickeln, in tieferen Kontakt mit der Geistigen Welt zu gelangen.

Für meine Hausreinigungen nutze ich seit vielen Jahren mein Energiespray »Reinigung«. Die Grundbestandteile für Energiesprays sind destilliertes Wasser, Alkohol und ätherische Öle. Außerdem brauchst du eine leere Flasche mit einem Sprühkopf. Da ätherische Öle nicht in Wasser löslich sind, verwendest du Alkohol als Emulgator, der dein Spray zudem konserviert. Die Mischung des Sprays sollte mehr Wasser als Alkohol enthalten. Meine Sprays beinhalten ungefähr 20–30 Prozent Alkohol. Gib Alkohol und deine Auswahl an ätherischen Ölen in die Flasche, fülle sie anschließend mit geweihtem Wasser auf, und schüttele sie gut durch.

Für das Reinigungsspray verwendest du geweihtes Wasser, das beispielweise durch Rosenquarze und Turmaline energetisch angereichert wurde. Lege dazu die Trommelsteine über Nacht ins Wasser, bitte die Energie der Steine darum, sich auf das Wasser zu übertragen, und hole sie am nächsten Morgen wieder heraus. Wenn du das Gefühl hast, dass die Steine länger im Wasser sein sollten, dann belasse sie noch dort.

Um dein Energiespray mit der Kraft der Pflanzen anzureichern, gibst du ein paar Tropfen ätherischen Öls hinzu. Ein Nebeneffekt ist der so entstehende angenehme Duft des Sprays. Rosenöl z. B. besitzt eine sehr hohe Schwingung. Bergamottöl hebt die Energie an und transformiert Ängste. Mische einige Tropfen davon mit Alkohol direkt in der Flasche. Mit der Menge der Öle musst du ein wenig experimentieren. Gib so viel vom ätherischen Öl in den Alkohol, bis dir der Duft gefällt, und lasse diese Mischung am besten ein paar Tage im Kalten reifen. Lade das Spray dann z. B. mit der Energie von Saint Germain und Erzengel Chamuel auf. Erzengel Chamuel sorgt dafür, dass Freude und Leichtigkeit in den Raum einziehen. Nimm das Spray in die Hände, und bitte den Engel oder den Aufgestiegenen Meister, dessen Energie du brauchst, das Spray aufzuladen. Vielleicht spürst du nicht sofort, dass die Energie fließt. Mit der Zeit wirst du es beherrschen. Vertraue einfach, dass es geschieht, und experimentiere ein bisschen.

Natürlich kannst du zusätzlich Energiesymbole nutzen. Nimm die Zeichnung des Symbols in die linke Hand und das Energiespray in die rechte Hand. Nun stelle dir vor, wie die Kraft des Symbols aus der linken Hand durch dich hindurch in das Spray hineinfließt. Du kannst das Spray auch auf ein Symbol stellen, damit es sich mit der entsprechenden Energie auflädt.

Zur Energetisierung des Sprays kannst du auch etwas Bachblüten-Essenz oder Aura-Soma-Essenz in die Flasche geben. Oder du lädst das Spray mit Mond- oder Sonnenenergie auf. Du kannst der Flüssigkeit deines Sprays jede Information übertragen, die du möchtest. Diese Energie wird dann später in den Raum abgegeben.

Das Gebet

Das Gebet gehört für Milliarden Menschen zum Leben dazu und soll uns mit unserem Schöpfer verbinden. Ein in die Stille gesprochenes Gebet – mit dem Herzen gespürt – verbindet uns mit der Quelle, aus der wir stammen, und mehr noch: Es hat die Kraft, unser Leben zu verändern.

Wir sind nie wirklich von Gott getrennt, auch wenn es oft so scheinen mag. Und bei aller Ablenkung, die wir erfahren, auch im spirituellen Bereich, müssen wir immer beachten: Die Verbindung zu unserem Schöpfer ist das höchste Ziel unserer Suche. Die Beziehung zu Gott ist letztlich die wichtigste Beziehung, die wir führen können, und dazu braucht es natürlich keine Religion. Wir können beten, ganz gleich, ob wir Christen, Muslime oder Buddhisten sind, oder auch, wenn wir keiner Religion angehören.

Das Gebet kann ein wichtiges Element bei der energetischen Hausreinigung sein, denn damit lädst du die göttliche Gnade in dein Zuhause ein. Deswegen empfehle ich dir, Gott immer in deine energetische Hausreinigung einzubeziehen. Sprich mit ihm, erzähle ihm von den Energien, die dich belasten, und danke ihm, dass er dir seine Gnade zuteilwerden lässt. Natürlich kannst du auch die Engel rufen, wenn sie dir näher sind. Sie sind Stellvertreter Gottes und werden deine Bitte ebenfalls erhören und in deinem Haus wirken. Gerade, wenn für dich der Begriff »Gott« negativ behaftet ist oder du Emotionen wie Scham oder Wut empfindest, sobald du an Gott denkst, kann es ratsam sein, mit den Engeln zu sprechen. Doch letztlich empfehle ich dir, eine Beziehung zu Gott aufzubauen.

Das Reinigungsritual

Zutaten für das Reinigungsritual

Genug der Theorie! Lasse uns nun mit der energetischen Hausreinigung beginnen. Ich stelle dir jetzt die verschiedenen Zutaten vor, die du für dein Ritual verwenden kannst und auch verwenden solltest. Bitte beachte dabei, dass du dich nicht zu sehr auf die Zutaten allein konzentrierst, denn am wichtigsten ist das Ritual selbst. Rituale kennt jeder Mensch aus seinem Alltag. Es sind bewusst ausgeführte Handlungen, die dabei helfen, wieder nach innen zu schauen. Sie sind immer etwas Verbindendes, und gerade im geistig-spirituellen Bereich werden sie genutzt, um etwas Erwünschtes zu erreichen. Rituale sind sehr machtvoll und unterstützen dabei, Energien zu erzeugen, z. B. für die energetische Hausreinigung.

Es ist sehr wichtig, ein Ritual bewusst auszuführen. Wenn du einfach nur so räucherst, hat das zwar auch eine Wirkung, die von den benutzten Kräutern und der durchgeführten Handlung ausgeht. Aber ein wichtiger

Teil der Reinigung würde fehlen: deine Bewusstheit, deine Absicht, deine Kraft! Führe dieses Ritual bewusst durch, und vergiss nicht: Der Geist herrscht über die Materie. Der Geist formt die Materie.

Für das Reinigungsritual, das ich dir erklären möchte, brauchst du die folgenden Zutaten:

Räucherschalen oder andere feuerfeste Unterlagen

Das Zubehör für das Räuchern hast du eventuell schon bei dir zu Hause, da du vielleicht schon erste Erfahrungen im Räuchern gesammelt hast. Wenn nicht, dann erhältst du alles überall in spirituellen Läden und natürlich auch online. Aber vielleicht hast du daheim dickwandige Müslischalen? Diese kannst du auch als Räucherschale verwenden.

Sand

Der Sand dient dazu, die Hitze der Räucherkohle nach unten zu dämmen, damit deine Schale nicht platzt, und dass du sie sicherer in deinen Händen halten kannst. Als Sand kannst du Spielsand verwenden, Quarzsand oder auch Vogelsand (wenn er keine Zusätze enthält).

Große Räucherkohle

Es gibt im Handel verschiedene Größen von Räucherkohle. Je größer die Kohle ist, desto länger glüht sie. Wenn du eine Wohnung ausräuchern möchtest, dann reich Räucherkohle mit einem Durchmesser von 40 mm. Wenn du eine sehr große Wohnung hast oder in einem Haus lebst, greife zu Räucherkohle mit einem Durchmesser von 50 mm.

Kohlenzange und kleiner Löffel

Da die Räucherkohle nach dem Entzünden sehr heiß wird, ist es notwendig, dass du mit einer Zange aus Messing, Edelstahl oder Kupfer arbeitest. Mit einem Löffel kannst du verbranntes Räucherwerk von der Kohle entfernen und neues Räucherwerk auf die Kohle geben.

Feder oder Fächer

Zwar repräsentiert der Rauch selbst bereits das Element Luft, doch eine Feder wird in vielen Kulturkreisen genutzt, um den Rauch im Raum zu verteilen. Dies geht natürlich ebenso gut mit einem Fächer.

Gesegnete oder geweihte Kerze

Die Kerze symbolisiert das Element Feuer und sollte bei einer energetischen Hausreinigung nicht fehlen. Du kannst die Kerze weihen oder segnen, indem du sie mit einem Öl einreibst und dabei ein Gebet sprichst. Du kannst auch eine Sigille in sie einritzen. Bedenke: Eine Kerze enthält auch eine Grundenergie, und du kannst die Energie der Kerze mit Klängen, Gebeten und Symbolen erweitern. Lasse die Kerze ein Kanal sein für die göttliche Kraft und Gnade!

Gesegnetes oder geweihtes Salz

Salz repräsentiert das Element Erde. Bitte das Salz vor dem Auslegen darum, die destruktiven Energien im Haus anzuziehen. Am besten eignet sich unbehandeltes Meersalz für eine energetische Hausreinigung.

Gesegnetes oder geweihtes Wasser

Wasser ist ebenfalls ein kraftvolles Element und ein hervorragender Energiespender. Vielleicht hast du bereits gesegnetes Wasser aus einer Kirche. Wenn nicht, dann bitte Gott darum, das Wasser zu segnen, damit es dir bei deiner energetischen Hausreinigung dienen kann.

Musik, Trommeln oder Klangschalen

Ich habe in einem vorherigen Kapitel bereits über den Einsatz von Klängen bei der energetischen Hausreinigung gesprochen (siehe Seite 54). Spiele ein Musikinstrument, das du zu Hause hast, und probiere einmal aus, wie der Klang auf die Raumenergie wirkt!

Energiesprays oder Energiesymbole

Auch Energiesprays und -symbole können eine gute Unterstützung sein. Im Handel gibt es viele Energiesprays, überprüfe mit deinem Herzen, ob sie dir dienen. Du kannst dir auch deine individuellen Energiesprays mischen (siehe Seite 64). Gehe genauso bei den Energiesymbolen vor, gerade zur Erhaltung der Energie sind sie sehr wichtig (siehe Seite 62).

Unterstützung durch die Geistige Welt

Ob durch ein Gebet oder eine Einladung deiner Engel oder Krafttiere: Bitte die Wesen aus den göttlichen Reichen darum, bei der energetischen Hausreinigung mitzuwirken. Vertraue ihnen, sie werden dir helfen.

Vorstellungskraft und Absicht

Ohne deine Absicht wird die energetische Hausreinigung nicht den Erfolg haben, den du dir wünschst. Sei bewusst, sei klar, sei fokussiert! Die Kraft der Wandlung geht von dir aus. Je bewusster du die Hausreinigung durchführst, je fokussierter du bist, desto mehr Erfolg wirst du haben.

Die Vorbereitung des Reinigungsrituals

Gehe durch dein Haus, und streue in jeden Raum etwas von dem geweihten Salz. Wenn du besorgt bist, ob dein Boden das verträgt, dann kannst du auch Zeitungspapier auslegen. Wenn ich Salz verwende, gebe ich jeweils eine Handvoll in jede Ecke und eine Handvoll in die Mitte des Raumes. Auch in jeden Schrank und um Objekte, die mir belastend vorkommen, streue ich etwas Salz aus.

Visualisiere dann, wie das Salz destruktive Energien anzieht und aufnimmt. Nimm anschließend das geweihte Wasser, und spritze etwas davon mit deinen Fingern in die Räume. Spürst du, wie die Energien gelockert werden und anfangen, sich zu bewegen? Nutze auch hier deine Absicht, und spüre, wie sich die vorhandenen Energien wandeln. Verlasse dann dein Haus, und lasse das Salz und das Wasser ein paar Stunden wirken. Wie lange du wirklich fort bist, liegt an dir, deiner zeitlichen Möglichkeit und deiner Intuition. Es gibt hier keine klaren Vorgaben. Wenn dein Haus sehr stark belastet ist, kannst du auch bereits Tage vor der energetischen Hausreinigung das Salz auslegen oder auch nach einer energetischen Hausreinigung weiterhin mit dem geweihten Salz arbeiten.

Wenn du nach deiner Rückkehr vor deinem Haus stehst, nutze deine Vorstellungskraft. Rufe die Violette Flamme herbei, und stelle dir vor, wie dein Haus in einem lodernden violetten Feuer steht. Wenn du in einer Wohnung lebst, dann stelle dir vor, wie die Violette Flamme in dem Bereich wirkt, in dem du wohnst. Alles andere wäre eine Manipulation deiner Nachbarn! Wenn du nicht mit der Kraft der Violetten Flamme arbeiten möchtest, kannst du natürlich auch andere Visualisierungen nutzen. Rufe das Licht von Gott, unser aller Vater, lasse die Engel dein Haus einhüllen, oder stelle dir einen überdimensionalen Staubsauger vor, der über deinem Haus schwebt und die destruktiven Energien aufsaugt. Alles geschieht nach deinem Glauben!

Wenn du das Gefühl hast, dass das Salz, das Wasser und die Violette Flamme nun lange genug gewirkt haben, kehre zurück in dein Haus. Beim Betreten wirst du vielleicht schon fühlen, dass die Energien etwas reiner sind. Oder du spürst sie nun deutlicher. Beides ist möglich und abhängig von der Art und der Dichte der Energien. Vielleicht riecht es auch etwas unangenehm, oder du spürst, wie sich dichte Energien um das Salz versammelt haben.

Sammle das Salz wieder ein, und entsorge es. Am besten saugst du es mit einem Staubsauger auf und wirfst den Beutel gleich in die Mülltonne außerhalb deiner vier Wände. Du kannst das Salz auch in einem Wald verteilen, wenn sich das für dich richtig anfühlt. Vergrabe es, und bitte Mutter Erde, es aufzunehmen und zu wandeln. Mache dir keine Sorgen, das Salz belastet Mutter Erde nicht.

Das Reinigungsritual –
Schritt für Schritt erklärt

Nun widmen wir uns dem Hauptteil der energetischen Hausreinigung, und ich werde dir zeigen, wie man dafür räuchert. Wenn du dies gleich ausprobieren möchtest, während du das Buch liest, denke unbedingt daran, die Rauchmelder abzuschalten oder ihren Sensor für die Zeit des Räucherns zu überkleben. Sonst brauchst du das erst später zu tun, wenn du die Hausreinigung durchführen möchtest.

Bitte beachte:
Wenn du in einem Mehrparteienhaus wohnst, nimm Rücksicht: Was der Nachbar macht oder eben nicht macht, ist ihm selbst überlassen. Reinige nur deinen Teil des Gebäudes!

Schritt 1

Nimm die Kräuter und Harze, die du benutzen möchtest, und zerkleinere sie in einer Schale oder in einem Mörser. Vermische die Zutaten miteinander. Die Mischung muss nicht unbedingt pulvrig sein, es wäre sogar besser, wenn die einzelnen Kräuter noch erkennbar sind. Falls du eine fertige Räuchermischung oder ein einzelnes Räucherwerk verwenden möchtest, entfällt das Mischen natürlich.

Schritt 2

Hole deine feuerfeste Räucherschale, und zünde die Räucherkohle an. Benutze eine Zange, damit deine Finger nicht schmutzig werden und du dich nicht verbrennst. Entzünde die Räucherkohle am besten direkt über oder in deinem mit Sand gefüllten Räuchergefäß und idealerweise vor einem offenen Fenster, damit der starke Rauch zu Beginn abziehen kann. Achte unbedingt auf Funken, die entstehen können. Je nach Brennzusatz kann es sein, dass sich beim Anzünden der Räucherkohle eine kleine Flamme bildet.

Wenn keine Funken mehr zu sehen sind, dauert es noch zwei bis fünf Minuten, bis die Kohle durchgeglüht und bereit für die Räucherung ist. Das erkennst du daran, dass sich eine weiße Ascheschicht um das Kohlestück gebildet hat. Lege die Kohle spätestens jetzt in deine Räucherschale mit Sand. Die Kohle ist mehrere hundert Grad Celsius heiß, aus diesem Grund ist es wichtig, den Sand als Isolierung und zur Stabilisierung zu benutzen.

Stelle in den Räumen, in denen du dich am meisten aufhältst, wie im Wohnzimmer oder Schlafzimmer, eine weitere oder auch mehrere Räucherschalen auf, die schon einmal wirken und etwas Vorarbeit leisten, während du vor dem eigentlichen Räuchern noch mit einem anderen Schritt (siehe Schritt 3) und in anderen Räumen beschäftigt bist. Sie ersetzen zwar nicht deine bewusste Räucherung, aber so kann sich der Rauch schon etwas verbreiten und wirken, bevor du dich bewusst diesen Räumen widmest.

Schritt 3

Falls du in einem größeren Haus wohnst, beginne mit der Reinigung in der untersten Etage, und arbeite dich dann Etage für Etage nach oben. Entzünde die geweihte Kerze, und gehe mit ihr durch die Räume. Sie wird dir helfen, die dichten Energien im Raum zu erhellen. Du kannst dabei auch ein Gebet sprechen: »Ich bitte darum, dass die Kerze die Dunkelheit im Raum vertreibt. Alle destruktiven Energien mögen mit dem Feuer verbrannt werden!« Was du sagst, ist natürlich von dir selbst abhängig und sollte deiner Intuition entsprechen. Du kannst auch die Kraft des Feuers darum bitten, die Energien im Raum zu transformieren oder alle Energien zu verbrennen, die dir nicht dienlich sind. Sprich das aus, was sich für dich gut anfühlt. Wenn du fertig bist, stelle die Kerze ab.

Schritt 4

Nimm nun die Räucherschale zur Hand. Gib etwas von deiner Räuchermischung oder dem Räucherwerk auf die Kohle. Ich empfehle dir, mit einer Räucherschale durch das Haus zu gehen, in der dein Räucherwerk bereits verglimmt. So befindest du dich im direkten Kontakt mit dem Rauch und den Energien. Der Rauch, der entsteht, kann dir wertvolle Hinweise geben, wie dicht die Energie im Raum ist: Achte darauf, dass der Rauch in alle Ecken zieht. Wenn du noch eine Hand frei hast, verteile den Rauch mit einer Feder, einem Fächer oder deiner Hand. Beobachte dabei genau: Wird der Rauch irgendwo »verschluckt«? Verfärbt er sich an einer bestimmten

Stelle? Oder wird er unruhig und bewegt sich auffällig? Frage dein Inneres oder den Rauch selbst, was es bedeutet, dass er sich verändert.

Es wird oft empfohlen, sternförmig oder im Uhrzeigersinn durch den Raum zu gehen. Ich finde das eher störend, da ein festgeschriebener Bewegungsablauf die Intuition blockieren kann. Wenn du im Kontakt mit der Raumenergie bist, wirst du intuitiv zu den Stellen geführt, die deine Aufmerksamkeit benötigen.

Denke daran, dass die Räuchermischung auf der Kohle innerhalb weniger Minuten verbrennt und du Räucherwerk nachlegen musst. Vor allem Kräuter verbrennen sehr schnell. Dem kannst du entgegenwirken, indem du mehr Harze verwendest oder etwas Sand auf die Räucherkohle streust, bevor du dein Räucherwerk auflegst.

Falls dir jemand bei der energetischen Hausreinigung hilft, kann diese Person nun mit einer Trommel oder einer Rassel durch den Raum gehen. Die Reinigung mit dem Klang kann sehr gut zeitgleich zum Räuchern durchgeführt werden. Wenn du den harmonisierenden Klang einer Klangschale für die energetische Hausreinigung nutzen möchtest, dann wäre dies nach dem Ausräuchern am sinnvollsten.

Schritt 5

Wenn du den Raum geräuchert hast, ist es an der Zeit, weitere Elemente für deine energetische Hausreinigung zu nutzen. Du kannst z. B. die Engel einladen, eine Anrufung anderer geistiger Wesen oder auch ein magisches Ritual durchführen. Lade die geistigen Kräfte ein, dir bei der energetischen Hausreinigung zu helfen. Nutze ein Energiespray, wenn du eines hast, verwende Energiesymbole, singe ein Mantra, errichte eine Lichtsäule für diesen Raum, oder bete.

Entscheide intuitiv, welches Hilfsmittel dem Raum nun am besten dient. Frage dich, was notwendig ist, um die Energien im Raum zu wandeln, und vertraue auf dein Bauchgefühl. Du wirst sehen, dass deine Intuition auch wachsen wird. Halte dich nicht zu starr an die Anleitung in diesem Buch. Wenn du das Gefühl hast, die Trommel erst am Ende der Reinigung verwenden zu wollen, oder wenn du denkst, dass du gleich am Anfang eine Lichtsäule in dein Haus setzen möchtest, dann tue dies unbedingt.

TIPP:

Viele Menschen denken, dass es notwendig ist, einen ganz bestimmten Engel für die Hausreinigung zu rufen. Erzengel Michael z. B. ist für Reinigung und Schutz zuständig. Erzengel Jophiel bringt Harmonie in den Raum und stärkt die Intuition. Erzengel Gabriel dient der Klarheit und Führung. Doch eine namentliche Anrufung ist nicht unbedingt notwendig, vor allem dann nicht, wenn du dich mit den Energien der Engel nicht auskennst. Du kannst auch deinen Schutzengel oder deine geistige Führung darum bitten, dass die »richtigen« Engel bei der Hausreinigung mitwirken. Vertraue den Engeln, denn sie wissen genau, was du und dein Zuhause zu diesem Zeitpunkt am dringendsten benötigen.

Schritt 6

Öffne nun die Fenster im Raum, damit der Rauch abziehen kann. Wenn du in einer kleinen Wohnung
lebst, kannst du auch erst einmal alle Räume räuchern
und dann alle Fenster öffnen. Wenn du in einem Haus
wohnst und sowieso etwas länger mit der energetischen
Hausreinigung beschäftigt bist, öffne ruhig in jedem
Raum einzeln die Fenster.

Was du bis jetzt in einem Raum getan hast, tust du nacheinander in jedem Raum deines Zuhauses, auch im Bad, in der Küche und der Abstellkammer: Verwende die Kerze zur Vertreibung der Dunkelheit, räuchere den Raum, trommle oder klatsche. Nutze die Klangschale, rufe die Engel, oder sprich ein Gebet.

Wenn du das Gefühl haben solltest, dass noch etwas Wichtiges fehlt oder dass du noch weiter energetisch arbeiten solltest, dann tue das. Frage dich in jedem Raum, ob die destruktiven Energien gewandelt wurden. Überprüfe für dich, ob der Raum »leuchtet« oder ob die vorherigen Emotionen noch vorhanden sind. Vielleicht hast du das Bedürfnis, noch einmal nachzuräuchern oder ein Energiespray zu verwenden. Oder du hast das Gefühl, dass es gut wäre, gedanklich noch ein Schutz-symbol an die Wand zu zeichnen oder Reiki-Energie fließen zu lassen.

Der Abschluss des Reinigungsrituals

Wenn die Räucherkohle nach der energetischen Reinigung noch glühen sollte, kannst du noch etwas von dem Räucherwerk daraufgeben und dich selbst auch abräuchern. Platziere die Räucherschale fest auf den Boden, stelle dich über sie, und lasse dich von dem Rauch einhüllen. So reinigst du die Energien, die sich an deinem Körper und in deiner Aura befinden.

Gehe noch einmal durch deine Räume. Du wirst bemerken, dass sie sich nun anders anfühlen. Die Energien sind freier, du kannst besser durchatmen, und die Atmosphäre wirkt gereinigt. Suche gezielt die Stellen auf, an denen du vorher eine bestimmte Emotion wahrgenommen hast, und spüre noch einmal hinein. Schließe deine Augen, spüre dein Zuhause. Wie fühlt es sich an? Bedanke dich bei deinen Helfern und dem Räucherwerk für die Unterstützung. Und dann genieße den gereinigten Zustand deines Hauses. Entspanne dich, höre schöne Musik, und zünde ein paar Kerzen an. Hülle dich und dein Haus in deinen Lieblingsduft, indem du eine

Aromalampe entzündest oder etwas Weihrauch auf den Weihrauchbrenner gibst. Nun ist auch ein guter Zeitpunkt, um zu baden, vielleicht sogar mit ein bisschen Salz. Lasse die energetische Reinigung ausklingen, und genieße die ruhige, freudige Atmosphäre.

Wenn du nach der energetischen Hausreinigung noch im Reinigungsfieber bist, kannst du dein Haus auch grobstofflich säubern. Räume auf, und entferne alte Sachen, die schon längst entsorgt werden wollten. Ordne deine Regale und Schränke, putze dein Haus und deine Möbel. Dem einen oder anderen kommt jetzt vielleicht eine Idee: Weihe das Putzwasser, rufe die geistigen Helfer, bete, oder gib ein paar Tropfen ätherisches Öl in den Putzeimer. Wenn ich zu Hause putze, dann oft mit meiner Reinigungsessenz. Vielleicht möchtest du dir auch eine Essenz für die grobstoffliche Reinigung herstellen?

Besonders belastende Energien lösen

Mit dem in diesem Buch beschriebenen Reinigungsritual können die meisten Energien im Haus gewandelt werden. Doch es kann sein, dass du auf sehr dichte und problematische Energien stößt, die nicht so einfach zu lösen sind. Dein Haus könnte z. B. sehr stark mit Elektrosmog belastet sein, oder es sind noch »hartnäckige« Energien von einer Person vorhanden, die früher darin verstorben ist. In diesen Härtefällen kann es sein, dass du die Energien nicht allein mit deinem Standardritual lösen kannst, doch natürlich gibt es auch dafür Hilfe. Ein paar jener Energiefelder und besonders belastender Energien möchte ich dir in den folgenden Kapiteln vorstellen.

Zur Energie von Verstorbenen

Es kann vorkommen, dass du während der Reinigung ein seltsames Gefühl hast. Vielleicht blickst du hinter dich, weil du denkst, jemand hätte etwas gesagt. Oder du hast dieses bohrende Gefühl, dass dich ein anderer beobachtet. Es ist auch möglich, dass du glaubst, dass etwas neben dir stünde. Oder vielleicht siehst du eine schemenhafte Gestalt, spürst einen Lufthauch im Gesicht, oder dir wird kalt. Wenn du diese Empfindungen hast, kann es sein, dass eine verstorbene Seele gerade auf sich aufmerksam gemacht hat. Doch mache dir deswegen keine Sorgen. Der Kontakt mit Verstorbenen bzw. mit deren Energie ist immer eine besondere Begegnung – und kein Grund zur Angst.

Immer wieder hört man Spukgeschichten über Verstorbene, die sich in ihren alten Häusern aufhalten und die neuen Hausbewohner ärgern. Es gibt kaum ein Thema, um das sich mehr Mysterien ranken. Für viele Menschen ist der Tod ein Tabuthema, und ihnen graust es bei dem Gedanken, dass sie Energien von Verstorbenen in ihrem Umfeld haben. Ängste und Hilflosigkeit machen sich schnell breit, denn zahlreiche Horrorfilme und gruselige Geschichten haben ihren Teil dazu beigetragen, dass wir uns der Geisterwelt verschlossen haben und dass uns der bloße Gedanke an Verstorbene Angst einjagt.

Ich möchte dich an dieser Stelle erst einmal beruhigen. Tatsächlich kommt es vor, dass sich die Seelen oder die Energien von Verstorbenen noch in ihrem alten Heim aufhalten. Doch dies tritt weitaus seltener auf als vermutet. Ich berate oft Menschen zur energetischen Hausreinigung – Verstorbene habe ich dabei jedoch nur selten wahrgenommen. Wenn ich im Gespräch tatsächlich eine verstorbene Person bemerke, freut mich dies sogar ein wenig. Es ist immer wieder interessant und spannend, und Angst sollte man vor einer solchen Begegnung nicht haben.

Was wollen Verstorbene noch hier?

Ich kann dir hier nur meine eigenen Erfahrungen und meine eigene Wahrnehmung schildern. Ich habe nie ein Buch über das Jenseits gelesen, weil ich ungern die Wahrheit einer anderen Person übernehme, ohne zu überprüfen, welche Wahrheit sich in mir zeigt. Auch möchte ich möglichst urteilsfrei leben. Jede Situation und jede Energie soll die Gelegenheit haben, sich mir ohne Filter zu zeigen. Wenn du also andere Erfahrungen gemacht hast, dann lasse dich von meiner Wahrheit nicht irritieren.

Im Normalfall werden Verstorbene nach ihrem Tod »abgeholt«. Schon vor dem eigentlichen Austritt der Seele aus dem Körper können die Sterbenden Wesen um sich herum wahrnehmen. Oft sind es bereits verstorbene Familienangehörige. Ebenso häufig spüren die Menschen die Präsenz einer liebenden und friedvollen Energie, die oft als »Schutzgeist« oder »Engel« bezeichnet wird. Jede Seele, die ihren Körper verlässt, wird abgeholt, keine wird im Stich gelassen. Da gibt es keine Ausnahme.

Nun ist es allerdings so, dass einige Menschen davon überzeugt sind, dass es nach dem Tod mit ihnen »aus« ist. Oder sie sind während des Sterbeprozesses voller

Wut, Frustration und Ängste und halten mit aller Gewalt am Leben fest. Wenn wir uns bewusst machen, dass die Seele unsterblich ist und nur der Körper abgelegt wird, wissen wir, dass das Erschaffen, das Denken und das Fühlen nach dem Verlassen des Körpers fortgesetzt werden. Auch der Charakter und die Persönlichkeit bleiben bestehen. Zwar wird vieles später gewandelt, doch im Sterbeprozess bleibt alles – bis auf den physischen Körper – erhalten.

Da die Verstorbenen sich allerdings nach ihrem Tod auf einer körperlosen Ebene befinden, realisieren sich die meisten Gedanken und Gefühle ohne zeitliche Verzögerung. Wenn ein Mensch nach der Loslösung vom Körper noch Groll in sich trägt, erschafft er eine entsprechende Umgebung. Die Seele erfährt sich weiterhin, und sie erschafft auch weiterhin – nur mit wesentlich schnelleren Resultaten. Manche Verstorbene wissen gar nicht so recht, was da mit ihnen passiert. Auch das kommt vor. Die Überzeugungen, die sie während des Lebens stark verfolgt haben, existieren eben auch nach ihrem Tod.

Diese Verstorbenen werden als »Erdgebundene« bezeichnet. Sie suchen später als andere Seelen nach Möglichkeiten, ins Licht zu kommen und die Heimreise anzutreten – nämlich dann, wenn sie wirklich bereit dazu sind. Manche Seelen bleiben auf der Erde, weil sie noch eine bestimmte Erfahrung für ihr Seelenheil brauchen oder weil sie Angehörige noch ein Stück begleiten wollen. Auch das ist möglich und geschieht in Liebe.

Seit meiner Jugend interessiert mich das Thema »energetische Hausreinigung«, und schon sehr früh habe ich angefangen, anderen dabei zu helfen, ihr Haus energetisch zu reinigen – lange bevor dieses Buch 2009 erstmals erschien. In all den Jahren habe ich äußerst selten eine verstorbene Seele wahrgenommen. Viel öfter waren es Elementale, also Energien, die die Verstorbenen hinterlassen haben. Wir Menschen glauben, dass diese Elementale die Verstorbenen oder deren Seele sind, doch genau genommen sind sie nur ein Abdruck der verstorbenen Person oder der Seele.

Ein weiteres Phänomen, das gar nicht so selten ist, ist die Energie, die Hinterbliebene erschaffen. Ich nenne diese Form der Energie »Phantomenergie«. Es sind das Leid und die Trauer, das Gefühl des Verstorbenen, etwas nicht gesagt zu haben oder ein Problem nicht loslassen zu können, die energetisch eine Verbindung zur verstorbenen Seele herstellen. Dadurch haben wir das Gefühl, dass die verstorbene Seele selbst im Haus präsent wäre.

Was du für die Seelen der Verstorbenen tun kannst

Zuerst heißt es, Ruhe zu bewahren. Böse Geister, die uns ärgern, sind wirklich die Ausnahme – und auch hier gilt: Nichts geschieht außerhalb von Gottes Ordnung. Ich kenne nur drei Menschen, in deren Häusern es wirklich einmal gespukt hat. Seit Hunderten von Jahren haben sich dort Verstorbene befunden. Doch das ist die Ausnahme. Im Normalfall sind die Seelen dankbar für unsere Hilfe und für das Licht, das wir ausstrahlen. Es zieht diese Seelen an. Eine Begegnung mit ihnen dient immer beiden Seiten: Freude und Dankbarkeit werden sich in dir ausbreiten, wenn du einer Seele oder auch dem energetischen Abdruck der Seele hilfst, diese Ebene loszulassen und nach Hause zu kommen. Das ist ein großer Dienst an der Seele, es ist etwas Heiliges und nichts, was dir Angst machen sollte.

Wenn du den Verdacht hast, dass sich Verstorbene oder Energien von Verstorbenen in deinem Zuhause befinden, ergibt es Sinn, die folgende Übung vor der eigentlichen Hausreinigung zu machen. Doch manchmal spürt man erst während des Reinigungsrituals, dass diese Energien existieren. In diesem Fall kannst du die Reinigung für einen Moment unterbrechen, die Übung machen und die Reinigung später fortsetzen.

Anleitung zur Erlösung verstorbener Seelen

Setze dich bequem an den Platz in deinem Haus, an dem du die Energie gespürt hast. Komme in die Stille, und zünde vielleicht eine Kerze an, die Licht und Reinheit symbolisiert. Versuche im ersten Schritt, mit der Seele oder der Energie zu kommunizieren. Frage sie nach dem Grund ihrer Anwesenheit. Achte dabei auf deine Gedanken und Empfindungen. Die Wahrnehmung kann anfangs sehr subtil und fein sein. Vielleicht siehst du die verstorbene Person nicht, oder du kannst die Worte nicht verstehen, doch Seelen kommunizieren auf viele verschiedene Weisen. Sei wachsam und offen für das, was kommt. Deine Intuition wird dir dabei helfen. Vielleicht kommt dir ein Gedanke oder ein Gefühl. Ganz gleich, wie absurd der Gedanke auch sein mag, vertraue deiner Intuition, und folge ihr. Versuche, der Seele bei der Erfahrung zu helfen, die sie noch machen möchte.

Lasse der Seele im zweiten Schritt die Energie zukommen, die sie für ihre Heilung noch braucht. Vielleicht verspürst du den Impuls, ein Loslösungsritual zu ma-

chen. Möglich ist auch, dass du den Drang hast, etwas Bestimmtes auszusprechen. Das Wort oder der Satz können ein entscheidender Hinweis darauf sein, wodurch die verstorbene Person weitergehen oder sich der energetische Abdruck lösen kann. Manchmal gibt es auch Energien, von denen sich die Seele reinigen möchte, bevor sie ihren Aufstieg wagt.

Bitte die Geistige Lichtwelt um Unterstützung. Vielleicht hast du das Gefühl, dass die Seele noch eine Befreiung braucht, und du rufst Erzengel Michael. Vielleicht fällt dir auch die Violette Flamme ein, die für Transformation steht, und du rufst Saint Germain oder Erzengel Zadkiel. Oder du vernimmst den Wunsch, dass die Seele noch Heilung erfahren möchte, und rufst Erzengel Raphael. Tue das, was dein Gefühl dir rät. Spüre in dich hinein, und du wirst wissen, was die Seele braucht und wie du ihr dienen kannst.

Der dritte Schritt zur Erlösung verstorbener Seelen ist die Errichtung einer Lichtsäule (siehe Seite 59). Mit ihrer Hilfe kann die Seele die irdische Ebene verlassen. Errichte also die Lichtsäule, und lade die Seele ein, die irdische Ebene jetzt loszulassen. Verabschiede sie, und freue dich. Dies ist wirklich ein gesegneter Moment.

Schutz vor Dunkelmächten und destruktiven Energien

»Energetischer Schutz«, »Energieräuber« und »Dunkelmächte« sind die Themen, die in der spirituellen Szene wohl am stärksten diskutiert werden. Es gibt etliche Bücher, Amulette und Sprays zum Schutz vor Dunkelmächten oder schlechten bzw. destruktiven Energien. Jeder möchte sich und sein Zuhause schützen, ständig und überall. Es ist absolut verständlich, denn die Menschen werden immer sensibler und spüren die sie umgebenden Energien auch schneller. Viele Millionen Menschen öffnen sich für die Spiritualität und verstehen, dass sie in einer dualen Welt leben, dass es Licht gibt, aber auch Schatten.

Dennoch gehöre ich selbst nicht zu den Menschen, die sich schützen. Wenn mich das Leben eines gelehrt hat, dann ist es die Erkenntnis, dass Gott alles ist. Auch scheinbar dunkle Kräfte sind nur ein Aspekt Gottes, den es zu akzeptieren gilt, auch wenn sie vielleicht nicht von Gott erschaffen wurden. Ich zweifle nicht daran, dass es Menschen gibt, die Erfahrungen – manchmal auch sehr schlimme Erfahrungen – mit Dunkelmächten gemacht

haben oder mit Energievampiren oder anderen destruktiven Energien. Ich kenne solche Fälle gut. Und ich kenne das auch aus meiner eigenen Erfahrung. Es gibt nun einmal Energien und Wesen, die den dunklen Part in diesem Leben spielen.

Doch in dieser Welt geschieht nichts, was nicht unserem Seelenwachstum dient und was ohne Resonanz auf uns wirkt. Für viele Menschen ist der Kontakt mit destruktiven Energien der Einstieg in die Welt der Spiritualität. Für andere Menschen sind Energievampire eine Möglichkeit, ihren eigenen Raum zu erkennen. Wieder andere kommen durch den Kontakt mit Dunkelmächten in ihre eigene Kraft. Oft ist es so, dass ein scheinbarer Einfluss von »dunklen« Menschen schlicht ein Ausgleich von Energien ist. Der Ausgleich eines Samens, den man vor vielen Inkarnationen gesetzt hat: Karma. Es gilt dann, die Ursache für die Situation im Jetzt zu erkennen und ihr die Lösung zu ermöglichen. Wenn all das eben Beschriebene auch Gründe für das Auftreten von destruktiven Energien oder negativen Einflüssen sind, haben diese Energien dann nicht auch etwas »Gutes«? Ohne die Ernsthaftigkeit dieses dualen Zusammenspieles kleinreden zu wollen, bitte ich dich, in einer Situation, in der du dich schützen möchtest, einmal Folgendes zu sagen: »Es ist alles Gott.« Versuche es, und schaue, ob sich die Situation wandelt. Vielleicht kannst du deinen Einfluss an der Situation erkennen, oder dir wird bewusst, wie du diese Erfahrung angezogen hast.

Hierzu möchte ich dir ein kleines Beispiel geben:

Eine junge Frau bat mich um Hilfe, weil sie Ärger mit einem Nachbarn hatte, der sie immer wieder »terrorisierte«. Sie fühlte sich deswegen nicht mehr wohl in ihrem Zuhause. Ich durfte die Ursache für diese Situation erkennen und teilte die Information der jungen Frau auch gleich mit. Ich sah, dass sie einen Konflikt mit ihrem Vater hatte, der sich ähnlich verhielt wie der Nachbar. Dieser Konflikt war für die Frau noch nicht geklärt. Sie hatte ihrem Vater weder ihre Wahrheit mitgeteilt, noch hatte sie die emotionalen Verletzungen, die sie zweifellos erlitten hatte, aufgelöst. Der »böse« Nachbar machte sie nur auf den Konflikt aufmerksam, der in ihr selbst lag: die Auseinandersetzung und die ersehnte Versöhnung mit ihrem Vater. Die Frau war erstaunt und sagte, dass dies tatsächlich der Grund sein könne. Von ihr habe ich nichts mehr gehört, doch ich hoffe, dass sie den Konflikt mit ihrem Vater und indirekt auch mit dem Nachbarn lösen konnte.

Dieses kleine Beispiel zeigt, dass wir sehr schnell die Verantwortung an andere abgeben und dass andere Menschen die »Bösen« sind, vor denen wir uns schützen müssen. Oft projizieren wir den inneren Schatten, den wir zweifellos alle in uns tragen, auf eine Person oder auf ein Ereignis im Außen. Wenn wir begreifen, dass hinter all den scheinbar bösen Situationen immer ein Segen steckt, und wenn wir erkennen, welche Wahrheit hinter dem Schleier liegt, können wir schnell in unseren Frieden finden, nach dem wir uns so sehr sehnen.

Anleitung für den energetischen Schutz

Natürlich ist unser Wunsch nach Schutz gerechtfertigt, und es gibt Situationen, in denen uns ein gewisser Schutz – zumindest eine Zeit lang – auch dabei helfen kann, uns vor äußeren Energien abzuschirmen. Für mich sind dies Situationen, in denen ich einfach nicht in meiner Kraft bin – wenn ich für einige Momente unfähig bin, meine eigene Göttlichkeit zu erkennen.

Ich befand mich vor wenigen Monaten selbst in dieser Situation, als ich meine im Sterben liegende Freundin im Krankenhaus besuchte. Ich war an diesem Tag nicht in meiner Stärke, nicht in meiner Mitte verankert. Es fiel mir schwer, meine Gedanken neutral, geschweige denn positiv zu halten. Ich war einfach down, und es war nicht leicht für mich, an diesem Tag wahrhaft und vollkommen Gott in der Situation zu sehen. Ich wusste, dass meine Freundin sterben würde, und ich als Mensch trauerte. Also habe ich mich in einen Kokon aus Licht eingehüllt und die äußere Hülle durch meine Absicht dicker und stärker werden lassen. Gleichzeitig habe ich meinen Vater – so nenne ich Gott – um Schutz gebeten und ihm gedankt. Dies half mir dabei, für die Zeit im Krankenhaus nicht alle möglichen Energien anzu-

saugen und in mein System zu lassen. Nachdem ich das Krankenhaus verlassen hatte, habe ich diesen Kokon wieder abgelegt.

Es gibt aufwendige Rituale und magische Gegenstände, die für energetischen Schutz sorgen können. Doch meiner Meinung nach sind diese Hilfsmittel nicht unbedingt notwendig. Was wirklich zählt, ist die eigene Absicht.

Ein Lichtkokon, den du erschaffen hast, wird dich und dein Haus schützen, wenn du das möchtest. Du kannst auch Erzengel Michael um Schutz bitten oder dich und dein Zuhause in ein blaues Licht einhüllen. Visualisiere und erschaffe das, wozu dir dein Gefühl rät, und vertraue darauf, dass es so ist, wie du es dir vorgestellt hast. Du bist ein göttliches Wesen. Du hast all die Macht, die du brauchst, um dich zu schützen, wenn dies dein Wunsch ist. Glaubst du, dass es wirklich etwas Mächtigeres als deine Geisteskraft oder ein Gebet gibt?

 **Der größte Schutz, den es gibt, ist die Liebe!**

Elektrosmog und Erdstrahlen

Bei einer energetischen Hausreinigung treffen wir auf
viele Energiefelder: festgesetzte Emotionen, Ängste, Belastungen des Grundstücks, Energien der Ahnen, Energien der Nachbarn und auch Auswirkungen der Umge-
bungsenergie. Wir treffen auf Energien der Vorbesitzer
und vielleicht auch von einer verstorbenen Person, wir
nehmen dunkle Energien und schwere Energien wahr.
Mit den meisten Energiefeldern können wir umgehen
und diese erlösen. Schwierig wird dies allerdings, wenn
wir z. B. auf Elektrosmog oder geopathische Belastungen stoßen.

Geopathische Belastungen sind Belastungen und Energien, die von Mutter Erde kommen. Hierzu gehören Wasseradern und auch sogenannte Erdstrahlen, wie sie bei Verwerfungen vorkommen können. So, wie wir Menschen Poren, feine Energiebahnen und Kanäle haben, so hat auch Mutter Erde ihre Poren, über die sie Energien entlädt, und Energiebahnen und Kanäle. Da wir Menschen uns in den vergangenen Jahrhunderten stark von der Natur entfernt haben, beachten wir bei der Auswahl des Grundstücks diese natürlichen Strahlungen meist nicht. Kein Naturvolk dieser Erde würde auf den Gedanken kommen, eine Hütte auf eine Pore von Mutter Erde zu bauen, doch viele »moderne« Menschen denken nicht an Mutter Erde, wenn sie ein Haus bauen.

Bei diesen Belastungen von unten haben wir die Möglichkeit, etwas zu tun. Wir können Mutter Erde darum bitten, die Strahlungen umzulenken. Wir können ein geistiges Pflaster verwenden, das die Pore nach Rücksprache mit Mutter Erde verschließt. Auch können Heilsteine wie Rosenquarz, Achat und Turmalin helfen, die Belastungen zu wandeln, wenn diese Steine eine gewisse Größe haben. Mit Kraft- und Energiesymbolen, wie dem Jerusalem-Kreuz, und kosmischen Symbolen lässt sich ebenfalls positiv auf diese geopathischen Belastungen einwirken.

Bei einer Belastung mit Elektrosmog wird dies allerdings schwierig. Ich selbst habe es trotz meiner Erfahrung bisher nicht geschafft, Elektrosmog ohne Hilfsmittel zu wandeln. Elektrosmog ist von Menschen gemacht, mit technischen und elektronischen Geräten, die unser Leben erleichtern sollen. Diese Form der Energiefelder zu wandeln, ist in meinen Augen nicht so einfach. Am besten ist es, die Quellen von Elektrosmog so selten wie möglich zu benutzen.

Wie du Elektrosmog oder geopathische Belastungen feststellen kannst

Mit einer Wünschelrute oder auch mit einer Einhandrute lassen sich geopathischen Belastungen und Elektrosmog feststellen. Halte die Wünschelrute in deinen Händen, bilde mit deinen Armen einen 90-Grad-Winkel, und gehe durch den Raum. Die Ausschläge der Rute gehen meist parallel zur Linie und Strahlung der Belastung.

Doch auch mit deinen Händen kannst du eine solche Belastung feststellen. Dabei ist es wichtig, dass du dich geistig darauf einstellst, dass du nach Elektrosmog oder

Erdbelastungen suchst. Halte im letzteren Fall die Hände über den Boden, und achte darauf, ob du an bestimmten Stellen ein Kribbeln wahrnehmen kannst. Lasse deine Hände deine Antenne sein. Wenn du nach Elektrosmog in deinem Zuhause suchst, strecke deine Hände mit der Handfläche nach vorn, auch hier mit der Absicht, die Störquellen ausfindig zu machen.

Ich erkenne übrigens eine geopathische Belastung sofort daran, dass meine Füße anfangen, auf eine ganz bestimmte Weise zu kribbeln. Wenn dies passiert, weiß ich, welche Belastung von unten auf mich wirkt. Achte auch du einmal bewusst auf deine Füße, wenn du durch einen Raum gehst. Auch Tiere und Pflanzen können solche Belastungen sichtbar machen. Katzen mögen es, auf Erdstrahlen zu liegen, Ameisen können dich ebenfalls auf geopathische Belastungen aufmerksam machen. Ein Blick auf das gesamte Grundstück, auf dem das Haus steht, verrät sofort, ob solche Strahlungen wirken: Du erkennst es an Bäumen, die besonders unter Geschwüren leiden oder bei denen sich die Äste so verbiegen, als ob sie etwas ausweichen möchten. Doch auch ein starker Schädlingsbefall an Pflanzen und Bäumen kann auf Erdstrahlen und Wasseradern aufmerksam machen.

Wenn du mit deinen Händen oder einer Rute Belastungen von unten oder auch von elektromagnetischen Störfeldern wahrnimmst, wirst du vermutlich nur feststellen, dass da etwas ist. Es gibt viele verschiedene Belastungen. Deshalb ist es nicht so einfach, zu unterschieden, welcher Art diese Belastung ist. Es gibt auch Kraftlinien von Mutter Erde, die sogar gut für dich sind. Auch sie werden durch die Rute oder durch deine Hände angezeigt.

Was du dagegen tun kannst

Grundsätzlich gilt es, Elektrosmog, soweit es geht, zu vermeiden. Nutze ein LAN-Kabel für die Verbindung mit dem Internet, und wenn dies nicht möglich ist, programmiere deinen Router so, dass zumindest nachts das WLAN aus ist. Schalte elektrische Geräte, wenn du sie nicht brauchst, ganz aus, selbst im Stand-by-Modus können sie eine elektromagnetische Strahlung erzeugen. Wenn du eine besondere Belastung mit Elektrosmog vermutest, dann kannst du täglich mit Palo Santo räuchern. Auch Bernstein hat eine sehr gute Wirkung bei dieser Form der Belastung.

Ein Teil der Belastung wirst du so sicherlich lösen können. Nutze energetische Symbole oder Edelsteine wie Rosenquarz, Achat oder Turmalin. Mache eine Meditation mit Mutter Erde, und bitte sie um Unterstützung.

Was du unbedingt machen solltest, ist, deinen Schlaf-
platz zu überprüfen. Im Bett hältst du dich jeden Tag
einige Stunden auf, und es ist sehr wichtig, dass dieser
Platz nicht belastet ist. Entferne alle elektrischen Geräte
aus deinem Schlafzimmer, und lege dicke Korkplatten
unter das Bett, wenn du eine geopathische Belastung
vermutest. Noch besser ist es, wenn du dein Bett so um-
stellst, dass du ganz sicher nicht auf einer Störzone liegst.

HINWEIS:

Elektrosmog ist ein größeres Problem als geopathische Belastungen, denn er tritt viel häufiger auf, als man denkt. Doch hier kann man durch das Entfernen oder Ausschalten der Quelle viel tun. Geopathische Belastungen findet man auch oft, allerdings sind die meisten Störzonen nicht so massiv, als dass sie uns belasten würden. Ein paar Strahlungen von unten sind ganz normal, nur wenn die Belastung zu groß ist, dann muss man handeln. Hier sollte man sich unbedingt einen Fachmann ins Haus holen, der sich damit auskennt.

Wenn ich ein Haus besuche, frage ich mich, wie groß die Belastung ist. Dafür nutze ich eine Skala von 1 bis 10. Wenn der Wert bei 1 bis 4 liegt, versuche ich, mit meinen Möglichkeiten zu wirken. Wenn der Wert bei 5 oder darüber liegt, empfehle ich meinen Klienten, einen Fachmann einzuschalten.

Den Zustand erhalten

Die Atmosphäre, die nach einer energetischen Reinigung in deinem Haus vorherrscht, wird wahrscheinlich nicht immer so bleiben. Doch natürlich kannst du das Reinigungsritual jederzeit wiederholen. Wie oft du eine energetische Hausreinigung durchführst, bleibt dir überlassen. Ich empfehle dir, dass du ein solch ausführliches Reinigungsritual nicht öfter als ein- oder zweimal im Jahr machst. Wie oft du das Ritual wiederholen solltest, hängt auch davon ab, wie schnell dein Haus wieder »verunreinigt« wird und ob du während des Tages bewusst Hilfsmittel benutzt, um die Energie zu erhalten.

Da wir selbst das Energiefeld unseres Zuhauses am stärksten beeinflussen, ist es wichtig, dass wir uns in unseren vier Wänden wohlfühlen. Eine schöne Atmosphäre im Haus kann kaum bleiben, wenn die Bewohner sich unwohl fühlen und diese Energie nach außen senden. Natürlich gibt es Häuser, die schlecht gebaut sind oder in einer energetisch »schlechten« Umgebung stehen. Dennoch können wir dafür sorgen, dass das Haus eine Wohlfühloase für uns ist.

Dazu sollten wir zuerst aufräumen und alles an seinen Platz bringen. Die Energie kann in einem Haus nicht fließen, in dem Chaos herrscht. Besonders alte Sachen, die wir schon lange nicht mehr brauchen, behindern den Energiefluss. Gehe in die einzelnen Räume, und fühle in sie hinein. Wo fehlt die Harmonie? Was ist dort zu viel, was zu wenig? Das Chaos im Heim zu beseitigen, ist der erste Schritt, die Harmonie zu erhalten.

Überlege zudem einmal, was du schon immer in deinem Haus machen wolltest. Vielleicht denkst du schon lange über einen kleinen Umbau nach, oder du willst die Räume anders gestalten. Die Farbe im Wohnzimmer stört dich vielleicht, oder die Tapete im Flur ist alt und abgenutzt. Oder du willst dir einen Zimmerbrunnen kaufen oder mehr Pflanzen ins Haus stellen. Worauf wartest du? Packe es an! Was kann es Wichtigeres geben, als dass du dich wohlfühlst? Es gibt zahlreiche Möglichkeiten, eine harmonische Energie in deinem Zuhause zu erzeugen. Im Folgenden möchte ich dir ein paar davon zeigen. Natürlich kannst du diese Liste nach deinen Wünschen erweitern.

Dekoration

Gestalte dein Haus nach deinen Vorstellungen. Dekoriere es, wie es dir gefällt. Stelle Statuen und Figuren auf, die Harmonie ausstrahlen. Hänge Bilder auf, vielleicht Energiemotive, spirituelle Bilder, Darstellungen von Meistern oder tibetische Yantras.

Duftlampen

Was gibt es Schöneres als ein gut riechendes Haus? Viele Pflanzen haben reinigende Eigenschaften, deren Kraft in den Ölen enthalten ist. Verwende für Duftlampen ausschließlich ätherische Öle.

Edelsteine

Viele Edelsteine wirken sehr positiv auf die Energie im Haus. Du kannst Rosenquarz oder Achatscheiben verteilen. Auch Bergkristalle helfen dabei, die Energie im Haus zu erhöhen. Am besten nimmst du dir etwas Zeit und lässt dich im Fachhandel beraten.

Feng-Shui

Feng-Shui hilft dir, die Energien im Haus zu stärken, sie besser fließen zu lassen und Blockaden zu lösen. Es gibt viel Literatur darüber, wie du ein Haus nach Feng-Shui einrichtest. Du kannst auch einen Feng-Shui-Berater beauftragen.

Hausaltar

Eine gute Idee ist es, einen Hausaltar zu errichten. Das ist ein Ort des Rückzugs, wo du beten und meditieren kannst. Ein Hausaltar erzeugt automatisch eine friedvolle Energie.

Kerzen

Ich liebe Kerzen und lasse ständig Kerzen brennen, unabhängig davon, ob es hell oder dunkel ist. Durch das Kerzenlicht zauberst du eine herrlich gemütliche Atmosphäre. Kerzen erinnern dich an dein eigenes inneres Licht. Außerdem nutzt du durch die Kerze das Element Feuer, das gerade bei mental erschaffenen Energiefeldern sehr harmonisierend wirken kann.

Lüften

Durch regelmäßiges Lüften verschwinden nicht nur unangenehme Gerüche, auch alte Energien werden von der Luft vertrieben. Frische Energie gelangt in dein Heim herein. Lüfte also mindestens einmal am Tag dein ganzes Haus.

Musik

Klänge beeinflussen die Energie des Hauses. Höre viel Musik. Besonders klassische Musik, gesungene Mantras oder Meditationsmusik wirken harmonisierend auf die Energie.

Pflanzen

In jedes Haus gehören Pflanzen. Sie sorgen dafür, dass die Luft mit Sauerstoff angereichert wird, und sie stärken die Energie des Hauses. Es gibt wahre »Energiepflanzen«. Auch zu diesem Thema gibt es verschiedene Bücher.

Putzen

Mache das Putzen zu einem bewussten Akt. Du kannst dazu das Putzwasser energetisch anreichern und deine Vorstellungskraft nutzen. Stelle dir vor, wie du dein Haus beim Putzen von belastenden Energien befreist.

Räuchern

Kaufe gute und hochwertige Räucherstäbchen, und lasse sie abbrennen. Oder du benutzt ein Gefäß mit Sieb oder einen Weihrauchbrenner. Am besten räucherst du täglich. Wenn meine Frau und ich zu Hause geputzt haben, räuchere ich danach auch die Wohnung. Sie lacht dann immer und sagt: »Ja, ja, ich weiß, feinstofflich reinigen ist genauso wichtig.«

Salz

Du kannst an verschiedenen Stellen im Haus Gläser mit Salz aufstellen. Vergiss aber nicht, das Salz regelmäßig auszutauschen. Ich empfehle dir für diesen Zweck reines Meersalz, denn nach meiner Wahrnehmung zieht es destruktive Energien besser an als Steinsalz.

Salzlampen

Salzlampen sind wunderschön. Ihr orange-rötliches Licht strahlt Wärme und Gemütlichkeit aus. Doch sie sind nicht nur nett anzuschauen. Sie reichern die Luft mit Salz an, und dies wirkt sich positiv auf den Körper aus. Die Raumluft ist durch elektrische Geräte meist mit zu vielen positiv geladenen Ionen angereichert. Die Salzlampe verschafft einen Ausgleich, indem sie die Luft mit negativ geladenen Ionen auflädt.

Sonnenlicht

Wenn du dafür sorgst, dass dein Haus genug Licht bekommt, hast du schon viel für gute Energie getan. Sonnenlicht ist Lichtkraft pur und erhöht die Schwingung in deinem Zuhause. Öffne also zeitig die Rollläden, und lasse die Sonne herein.

Die vier Elemente

Nach der Reinigung sollte jedes Element seinen Platz erhalten, damit es optimal wirken kann. Das Element Wasser integrierst du in deinem Heim durch einen Zimmerbrunnen oder eine Duftlampe. Kerzen oder Teelichte stehen für das Feuer. Dekorationsgegenstände aus Holz oder anderen natürlichen Materialien wie Stein symbolisieren das Element Erde. Federn und Räuchergefäße stehen für die Luft.

Nun zu den feinstofflichen Hilfsmitteln:

Energiesprays

Energiesprays kannst du leicht selbst herstellen. Welche Information du dem Spray gibst, liegt allein bei dir. Kreiere dir vielleicht ein Reinigungsspray, ein Erdungsspray, ein Harmoniespray oder ein Heilungsspray. Diese Sprays benutzt du immer dann, wenn du fühlst, dass du es brauchst. Auf Seite 64 gehe ich näher auf Energiesprays ein. Rezepte und Anleitungen zur Herstellung von Objekten der Kraft, z. B. Energiesprays, findest du in meinem Buch »Das große Praxisbuch der energetischen Hausreinigung«.

Engel einladen

Die Engel freuen sich jedes Mal, wenn sie eingeladen werden. Du fühlst dich sofort wohler, wenn du die Anwesenheit der Engel im eigenen Haus fühlst. Lade sie ein, mit dir zu essen, mit dir zu spielen, und bitte sie, die Harmonie wiederherzustellen.

Violette Flamme

Wann immer du bemerkst, dass du etwas reinigen musst, rufe die Violette Flamme. Reinige auch dich selbst mit der Violetten Flamme, nachdem du die Energie im Haus gereinigt hast. Ausführlichere Informationen zur Violetten Flamme findest du auf Seite 57.

Wenn du die Energien in deinem Haus harmonisieren möchtest, gibt es einen einfachen Grundsatz: Tue das, was dir Freude bereitet. Wenn du dafür sorgst, dass du dich in deinen vier Wänden wohlfühlst, dann strahlst du diese Energie auch aus und bringt die Energie im Haus automatisch in Einklang.

Ich hoffe, dir haben die Lektüre und das Reinigen Spaß gemacht. Wenn du noch mehr zu dem Thema wissen möchtest, besuche einfach meine aktuelle Homepage:

www.jeomra.de

Alles Liebe
Georg Huber

Für alle Skeptiker …

Brauchst du noch eine kleine Ermutigung, weil du vielleicht daran zweifelst, dass die energetische Hausreinigung wirklich etwas bewirkt? Ich habe einen kleinen Beweis für alle Zweifler da draußen – und für den kleinen, manchmal auch großen, Zweifler in mir:

Ich war bei einem Bekannten, der Heilpraktiker ist, und habe seine Praxis- und Wohnräume energetisch gereinigt. Er arbeitet mit der Methode der Radionik, einem energiemedizinischen Verfahren. Er hat also die Möglichkeit, anhand einer Fotografie z. B. Räume, Gegenstände oder Personen energetisch zu testen. Mit dem radionischen Gerät kann er das morphogenetische Feld von Objekten analysieren, und eine Software listet ihm alle Informationen, Energien und Störungen auf, die sich in dem gescannten Energiefeld befinden. Das klingt erst einmal unglaubwürdig, und auch ich war etwas skeptisch, aber es funktioniert wirklich. Dass man die Aura und deren energetischen Zustand erkennen kann, war mir bewusst. Aber dass man mit einem Computer so etwas machen kann, war mir damals nicht bekannt. Mein Bekannter scannte also seine Praxis. Er machte zwei Analysen: eine, bevor ich die Reinigung durchführte, und eine nach der Reinigung.

Das Ergebnis war unglaublich – und es war sehr schön für mich, den Erfolg der Reinigung einmal schwarz auf weiß zu sehen. Natürlich spüren alle Menschen Veränderungen nach einer Reinigung, viele Muster lösen sich auf einmal auf, und Energien werden spürbar transformiert. Dennoch war es etwas Besonderes, mein Empfinden »objektiv« bestätigt zu bekommen. Bei der radionischen Analyse sieht man, ob ein Feld durch Störungen oder »negative« Informationen belastet ist. Der Grad der Belastung wird in homöopathischen Potenzen angegeben. Da nicht jeder die Potenzen kennt, gebe ich hier auch die Zahl an, die der Potenz entspricht.

Die Belastung vor der Reinigung lag bei einer LM-Potenz. Das entspricht der Zahl 50 000. Nach der Reinigung lagen die Belastungen nur noch bei einer normalen D-Potenz, die der Zahl 10 entspricht. Es hatte sich dort also sehr viel getan. Wir waren beide sehr erfreut, wie stark die Reinigung gewirkt hatte. Das energetische Feld, das vorher in der Praxis wirkte, hatte sich natürlich auch verändert. Ich hatte mich vor der Reinigung ein paar Minuten in den Räumen aufgehalten, um mit den Energien Kontakt aufzunehmen. In einem Raum spürte ich eine massive Angst, und ich fragte mich zuerst, ob ich mir das Gefühl vielleicht einbildete. Der Freund ist schließlich Heilpraktiker und kein Krebsspezialist. Wieso spürte ich also diese Angstenergie? Sie war sehr stark, und ich konnte nicht genau orten, woher sie kam. Mein Freund erzählte mir dann, dass vor ihm etwa vierzig Jahre lang Zahnärzte die Räume gemietet hatten und dass der Raum, in dem ich die Angst spürte, früher das Wartezimmer gewesen war. Nach der Reinigung war die Angst nicht mehr zu spüren. Ganz im Gegenteil, die vorherrschende Energie war Freude!

Es gab noch einen weiteren Fall, bei dem ich die Möglichkeit hatte, die Energien radionisch zu testen: Bei einer Klientin räucherte ich das Haus. Im Büro des Hauses fand ich eine massive Angstenergie vor. Ich fühlte das Verlangen, zu schreien, und es fiel mir schwer, zu atmen. Ich erfuhr, dass den Besitzer des Büros starke Existenzängste plagten und es ihm sehr an Vertrauen mangelte. Dies alles war spürbar. In diesen Räumen wurde vor und nach der Reinigung ein Scan gemacht.

Als ich versuchte, den Raum zu reinigen, merkte ich aber, dass sich die Energien nicht richtig lösen wollten. Also baute ich ein Kraftfeld auf und bat die Engel darum, mir zu helfen, ein Feld von Frieden und Vertrauen zu erzeugen. Ein paar Tage später rief mich die Frau des Mannes an und erzählte mir, was bei dem Scan herausgekommen war. Es war überwältigend: Es hatte sich sehr viel gelöst, und auch das neue, starke Feld war sichtbar. In dem Büroraum herrschten Vertrauen, Freude und Frieden – all die Energien, die der Mann benötigte, um vertrauensvoll in die Zukunft zu blicken, waren nun vorhanden.

Du siehst:
Die energetische
Hausreinigung wirkt.
Glaube daran!

Literaturempfehlungen

Bücher:

Gutzmann, Gerhard: Das große Lexikon der Heilsteine, Düfte und Kräuter. Methusalem Verlag 1996.

Hoffmann, Eva Katharina: Energiepflanzen im Haus. Bassermann Verlag 2009.

Huber, Franz X. J. und Schmidt, Anja.: Das große Buch vom Räuchern. Schirner Verlag 2018.

Huber, Georg: Das große Praxisbuch der energetischen Hausreinigung. Ansata Verlag 2017.

Huber, Georg: Räucherstoffe und Räucherstäbchen. Eine kleine Räucherfibel. Schirner Verlag 2009.

CD:

Huber, Georg: Befreie deine Medialität. Silberschnur Verlag 2015.

Die im Buch beschriebene Räuchermischung ist im Schirner-Onlineshop und auch im Shop des Autors unter www.jeomra-shop.de erhältlich.

Über den Autor

Georg Huber wurde 1982 geboren und lebt mit seiner Familie an der Bergstraße. In seiner Jugend begann er, sich aufgrund eigener Schicksalsschläge und Krankheiten mit den Themen »Heilung« und »Transformation« auseinanderzusetzen. Durch seine Sensibilität für Emotionen und Energiefelder entwickelte sich sehr schnell sein Weg: diese zu heilen und zu transformieren. Sein Wissen und seine Erfahrung gibt er in Büchern und Veranstaltungen sowie auf CDs weiter.

www.jeomra.de

Das Nachschlagewerk
zum Thema »Räuchern«

Franz X. J. Huber &
Anja Schmidt
Das große Buch
vom Räuchern
272 Seiten
ISBN 978-3-8434-1373-2

Was benötige ich für eine Räucherung? Welche Hölzer und Harze, Wurzeln und Blüten sind erhältlich? Was bewirken sie, und wie wende ich sie richtig an? Welche Rezepturen haben sich bei Liebeskummer, zum Schutz, als Seelenbalsam, für die Entspannung oder zur energetischen Reinigung bewährt? Diese und viele weitere Fragen beantwortet der bekannte Experte Franz X. J. Huber, der selbst erlesenes Räucherwerk aus aller Welt importiert. Ein unverzichtbares Nachschlagewerk für jeden Räucherbegeisterten!

Bildnachweis